Personal
&
Authentic

Designing Learning
Experiences
That Impact a Lifetime

真实性学习

如何设计体验式、情境式、主动式的学习课堂

[美] 托马斯 · C. 默里 （Thomas C. Murray） 著

中国青年出版社

图书在版编目（CIP）数据

真实性学习：如何设计体验式、情境式、主动式的学习课堂 /（美）托马斯 · C. 默里著；彭相珍译. —北京：中国青年出版社，2021.6

书名原文：Personal & Authentic: Designing Learning Experiences That Impact a Lifetime

ISBN 978-7-5153-6376-9

Ⅰ. ①真… Ⅱ. ①托… ②彭… Ⅲ. ①课堂教学—教学研究 Ⅳ. ①G424.21

中国版本图书馆CIP数据核字（2021）第086704号

真实性学习：如何设计体验式、情境式、主动式的学习课堂

作　　者：［美］托马斯 · C. 默里
译　　者：彭相珍
责任编辑：肖妩嫔
文字编辑：周楠楠
美术编辑：杜雨萃
出　　版：中国青年出版社
发　　行：北京中青文文化传媒有限公司
电　　话：010-65511272/65516873
公司网址：www.cyb.com.cn
购书网址：zqwts.tmall.com
印　　刷：大厂回族自治县益利印刷有限公司
版　　次：2021年6月第1版
印　　次：2025年9月第4次印刷
开　　本：787mm × 1092mm　　1/16
字　　数：140千字
印　　张：14.5
京权图字：01-2020-4729
书　　号：ISBN 978-7-5153-6376-9
定　　价：49.00元

PRAISE

赞誉之辞

在《真实性学习》一书中，作者托马斯·C. 默里挖掘了一些人类共同拥有的、最深层的情感，我们作为教育者和家长都知道，这些情感是必不可少的。此外，他还让我们关注并意识到，孩子和成年人之间的关系，以及可以帮助我们实现快速学习的自我反思，在教育的过程中发挥了至关重要的作用。他也让我们意识到自己对学校和社区的影响。读完这本书，你必将成为更好的老师和领导者，如果没有，那么你可能需要再读一遍！

——莎乐美·托马斯·EL，屡获殊荣的校长、演讲家和作家

这是我读过的最有用、最感人、最质朴的教育故事。托马斯·C. 默里为“真实性和个性化学习”设定了一个全新的标准。我相信，读过这本书的教育工作者，一定会向自己的朋友、学生和未来的教育工作者力荐本书。

——布拉德·古斯塔夫森，全美杰出校长和畅销书作家

作为教育工作者，我们常常忙于从事复杂的、目标性极强的教学工作，以至于没有时间停下来反思教师这个职业背后蕴含的更大影响。《真实性学习》一书为我们提供了反思所需的时间，同时也为所有教育工作者提供了反思的空间、教育同行的建议以及易于实施的实用技巧。教师们读完这本书

后，必定深受启发，并有能力继续完成身为教育工作者需要完成的教书育人工作。

——路易莎·帕洛莫·哈雷，幼儿园教师，2012年内布拉斯加年度教师

托马斯·C. 默里在这本鼓舞人心的书中，通过极富感染力的故事讲述，帮助教育工作者们将真实性和个性化的学习经历联系起来。本书提供的教育理念，为每个学生创建公平的成功机会，为满足学生的需求奠定了基础。正如托马斯在本书中反复证明的那样，想要实现教育效果的颠覆性变革，人们（教育工作者和家长）都必须记住，首先要培养有意义的关系——其他的事情都是次要的！

——巴西尔·马林，佐治亚州高中副校长

哇！对于我们人类（学生）的未来，以及教育生态系统中所有那些将对学生们的未来产生影响的领导者来说，这本书是多么令人敬畏的灵感、动力和希望来源。《真实性学习》这本书的内容，完美地诠释了其标题，因为托马斯所提供的信息，能够让所有人的思想和心灵都参与进来，让每一个字和每一次互动都有意义。这是一本适合所有人学习的图书！托马斯的教育旅程和一路走来经历的人生教训，会让你既感动到流泪又会不时会心地大笑。我建议诸位可以把《真实性学习》作为礼物送给自己，并与亲朋好友、亲密同事们积极分享！谢谢你，托马斯，感谢你通过对师生关系的深刻论述，向我们展示了这种关系中脆弱和真实的力量，及其对学生终身发展所具备的深远影响力。

——大卫·宫代，加州峡谷（Cajon Valley）联合学区总监

故事永远是效果最佳的教育方式，而最有影响力的学习总是个性化和真实的。在本书中，默里在编织教育者的精彩故事和增加教育者对学生影响的机会方面，提交了一份完美的答卷。其优美而富有感染力的文字，不仅将读者带入情感的旅程，同时也提供了挑战和资源，让读者们都能够成为更好的教育贡献者。通过生动的描述，默里将教育理念贯穿字里行间，使其形象地跃然纸上。这必将帮助所有的读者重新发现，为什么要提升自我学习的空间，以及如何实现这一目标。我相信，不仅我自己需要定期回顾本书提供的精彩内容，它也会成为每一位优秀教育工作者的独家秘籍。

——乔伊·圣菲利波，作家、演讲家

默里为致力于让学校对学生产生更大影响的教师们提供了又一个灵感资源。《真实性学习》一书不仅展示了为什么学校要围绕对每个孩子未来发展最好的宗旨来建设，还提供了完成这一建设的工具和策略。

——乔什·斯塔姆本霍斯特，

高中图书馆馆长，2012年伊利诺伊州年度教师

阅读本书是一段笑泪交织的体验，但也给我提供了师生相处和互动的全新灵感。身为教育工作者，在思考每天所做的工作内容时，如果能够将每个学生真实性和个性化的人生经历纳入考虑范围，那么我们就有可能建立更深层次的师生关系。正如默里在本书中所说的那样，“每一个出现在课堂上的学生，对他的家人来说，就是全世界”。因此，身为教育工作者，我们有机会也有义务为每一个学生提供独特的学习机会和成功机会！

——A. J. 朱利安尼，学习与创新总监、作家、PBL学院创始人

学生们都渴望得到一种能在许多层面上与他们产生共鸣的学习经历。现在就是推进这种个性化教学变革的关键时刻，学校应该为每个学生提供对他们来说有意义的学习体验和经历。在本书中，托马斯·C. 默里将带你坐上情感过山车，让你又笑又哭。在这里你将亲眼看到为什么更真实性和个性化的教育将使现在和未来的孩子们受益。

——埃里克·塞宁格，

NASSP数字校长，国际教育领导力中心高级研究员

托马斯·C. 默里在他的《真实性学习》一书中，将你带入情感的过山车，让你在阅读过程中又笑又哭。无论你在教育中扮演什么角色，他所传达的关于师生联系、共鸣以及需要为所有学生提供平等机会的心声，都会令你感到鼓舞，并希望为所有孩子做更多的事情。这本书将触及教育工作者们的内心深处，并提醒你，每一天都是改变学生人生轨迹的绝佳机会。因此，本书也是所有学校和教育工作者的必读之作！

——吉米·卡萨斯，教育家、作家，《每一位教师都是领导者》作者

能读到这本书真是太荣幸了！作为托马斯·C. 默里作品的粉丝，我知道他的最新著作一定会很棒，但我没想到的是，它充满了故事、社会科学和惊喜。教育工作者——至少是那些想“触动”学生的教师们——都应该拥有这本书。我终于为学校的老师们找到了一本可以轻松学习的书，哪怕他们的教学环境、授课年级或学科各不相同，这都是一份无比珍贵的礼物……而他们阅读本书的唯一前提就是，充满对学生们的爱心和热情。

——安铂·提阿曼，校长、作家、演讲家

托马斯·C. 默里找到了一种神奇的方法，在本书中编织了一个个扣人心弦的故事，并将它们与专业的教学研究相联系，提供了对当今教育理念和技术产生深远影响的实用技巧。《真实性学习》一书，将对教育工作者在学校、家庭和生活中的领导方式，留下持久而深远的影响。

——杰西卡·卡宾，美国杰出的校长、作家和演讲家

对于一个秉持“言传身教”的教育领导者来说，托马斯·C. 默里的最新著作《真实性学习》，精准地切中了作为教育工作者所期待的东西：一种在课堂和地区层面取得成功的有效方法。这本书成为我们在学校和课堂上实现真实性和个性化学习的经典总结。

——苏珊娜·莱西，亚拉巴马州塔拉迪加县学校校长

《真实性学习》一书讲述了一系列触动人心的故事。通过分享教学生涯中富有感染性的故事和经历，托马斯·C. 默里传达了基于孩子个人的需求开展教育的重要性。我认为每个教育领域的从业者都应该阅读这本书。这本书所传达的信息能让教育工作者、教学领导者以及学校里的每一个人都产生共鸣，激励大家去了解孩子们，让他们讲述自己的故事，最重要的是，让学生们知道我们对他们的关心和关注。

——杰里·阿尔曼德雷兹，加利福尼亚州科尔顿联合学区主管

托马斯·C. 默里在《真实性学习》一书中倾注了大量的心血。这本书充满了令人信服的故事和案例，将激励教育工作者们创造以学习者为中心的体验，确保学生不仅能够在学校取得成功，而且能够实现有意义的人生。在许多教育工作者面临史无前例的高要求和前所未有的繁重教学任务时，这本书

有效地提醒我们，为什么教育工作者扮演了至关重要的角色，以及我们如何能够先入为主地让学生和彼此都获得最好的学习体验。

——凯蒂·马丁，教育专家，《以学习者为中心的教育创新》一书作者

作为汤姆多年的追随者和粉丝，我见证了他对孩子们的爱心是如何触动了我们许多同事。《真实性学习》这本书也不例外。通过对个人故事、教学研究以及来自该领域其他人的实用技巧的三重分析，这本书具备强大的效用、丰富的内容和引人入胜的故事。我强烈推荐它！

——萨拉·托马斯，EduMatch创始人

《真实性学习》这本书的内容精妙地体现了其书名的理念。托马斯不仅通过本书讲述了他的个人故事，分享了他的核心价值和教学信念，还收集了来自其他教育工作者的提示，让大家看到了其他教育从业者成功的核心价值和信念。如果你正在寻找一本直切重点、触动心灵，但又能带来可操作的技术，从而改善你的教育工作，以及你每天遇到的人际关系和经验的读物，那么《真实性学习》一定是你的首选资源。这本书将帮助你反思、充电，并使你重新专注于教育最重要的方面——师生关系和相关的学习经验。

——萨尼·贝尔，

教育学博士、校长、演讲者，

《致力卓越：有效领导的策略指南》一书作者

CONTENTS

目 录

教育并非易事，

但学生们值得我们付出一切！

FOREWORD

序　言

“孩子，我爱你，也相信你的能力。”他对我说的这些话，令我永生难忘。这是我人生中第一次遇到一个真正关心我、相信我的成年男性，这也是我一生中对真实性学习的初体验。这些话来自德马科·米切尔先生，彼时他23岁，是我八年级的数学老师和篮球教练。

我的妈妈，是一位年仅16岁的单身母亲，我们住在亚特兰大东部的一个两居室里。这个街区，不仅是美国最穷困的地区之一——在那个小小的两居室里，除了我们母子，还挤着其他12位家庭成员，还是一个充满毒品、帮派和暴力的家庭和环境。作为年幼的孩子，每周我只有一次睡在床上的机会，在其他时间里，地板就是我的床。每天早上，在公共汽车站等车上学的时候，我都要用力摇晃书包，确保没有老鼠半夜爬进书包里。

我不想成为无数在底层挣扎的无名之辈，不想成为贫困人口统计表格上一个冷冰冰的数据，我想打破家族世代混迹底层的诅咒，打破整个家族没有一个人上过大学的惯例。我从7岁起就想打进美国职业橄榄球大联盟（NFL），这样我的妈妈和家人就不用再因为没钱而忍饥挨饿了。

最不利于我的成长过程的事情是，低期望值和失败已经成为我们家默认的常态。这是我的家人们习以为常的生活方式，也是生活在这个城市同一个街区的所有其他人默认的人生。他们中的许多人，仍然频繁地因为各种原因而进出监狱。生活为我提供了无数现成的失败借口，但我很庆幸有这么一位老师，即使在这样的情况下，也不肯放弃我。

每天晚上，我和堂哥都会到街上去，光着脚丫从一个街灯跑到下一个街灯，比赛谁跑得更快。我知道想要进入美国职业橄榄球大联盟，就一定要付出刻苦的努力，而这是我早已下定决心要实现的梦想。我记得有一天晚上，站在随处可见毒贩子的街角，那个不肯放弃我、永远相信我的老师，拉住我的手对我说："汤姆，相信我，你的人生肯定会比这更好。"虽然我没有进行任何非法的活动，但这位老师知道我所处的危险——不仅仅是人身安全的危险，我的梦想、目标、愿望、信念和潜力——在这样的逆境之中，时刻都处于破灭的边缘。

作为我的教练和导师，他继续与我交谈，就好像我们在篮球比赛中场休息时做的那样。他看着我的眼睛，说："我们想办法解决这个问题吧。每天早上去学校前，我都会去接你，和你打一场一对一的球赛。然后我们就学习《箴言》，直到你高中毕业。"说实话，我以为这个学习计划最多持续一年，也许更短。但我错了，他在此后的日子里，日复一日地接我上学，对我倾注了大量的心血。他不惜一切代价支持我，并相信我。

我永远不会忘记有一天，校长来到体育馆里找到他，说："我听说你一直在和汤姆谈论《箴言》。"米切尔先生说："是的，校长，是这样没错。"校长提醒他，学校的政策是政教分离，并表示如果他继续下去，可能会丢掉工作。米切尔先生回答说，那他愿意接受被开除的结局，因为我的人生值得他付出这样的努力。我记得那天从学校走回家的时候，心里想的是，如果我的老师愿意为了我而牺牲养活妻子和孩子的唯一工作，那我就责无旁贷地必须让他感到骄傲，给他最好的结果，绝对不能让他失望。

幸运的是，他没有被解雇。他为我提供了健康成长需要的所有东西。直到今天，德马科·米切尔先生仍然是我的人生导师。上一次见面，是在我的婚礼上，他牵着我的妻子走过红毯。九年的时光已经过去了，但在我眼里，他永远是那个更关心我本身，而不是我的考试成绩和运动表现的男人。他想让我知道并理解什么是个性化的、真实性的爱和联系，想让我体会到这种感觉。他经常会告诉我："我人生的理念，就是更看重你这个人，而不是更看重我对于你的期望和信念。"作为老师，他对我以及其他人的生活的影响，已经被传给了下一代。

我坚信，发生在我们生命中的事情，不是冥冥之中的决定，而是取决于我们个人的选择。有趣的是，我身体上的伤痛，却为我的生活找到了新的意义和目标。与其说这种伤病是一种诅咒，不如说它是一种祝福，一个改变人生和命运的机会。你看，我的手臂可能瘫痪了，导致我无法再从事竞技体育运动，但我的心灵和头脑并没有跟着废掉，包括我的人生态度也并没有因此而沉沦。而那条因为瘫痪而被医生判定为这辈子都无法使用的手臂，现在我每天都在用着。因此，我相信每个人的命运，都不会由出生的环境或处境来定义，而是由个人的决定和选择来定义。每一天我都努力做出一个让我的生命变得更有意义的决定，每一天我都要去积极地工作，每一天我都要去通过鼓励改变他人的选择和命运。

作为一名教育工作者，这也是你要做的事情！

就像德马科·米切尔先生一样，托马斯是一个对人和教育充满热情的人。他是一位值得钦佩和尊敬的朋友。我永远不会忘记第一次看到他在学区的演讲，以及听到他感谢校车司机、食堂工作人员和保管员的方式时，我的内心有多震撼。他对老师、管理者、辅助人员和孩子们的爱，通过非常个人化的方式得以表达。而如果要用一个词来形容他，那就是**真实**。他重视人的价值，明白每个人无论以什么角色提供服务，都会对他人产生终身的影响。他明白，作为教育工作者，他的言行将会在他人的生命中留下深刻的印记，并影响到他们的子孙后代。

这本《真实性学习》将成为鼓励全世界人民的源泉，得知本书终于付梓，令我倍感兴奋！

此致我全身心的爱和敬意。

英基·约翰逊（Inky Johnson）

How to Use It

如何使用本书

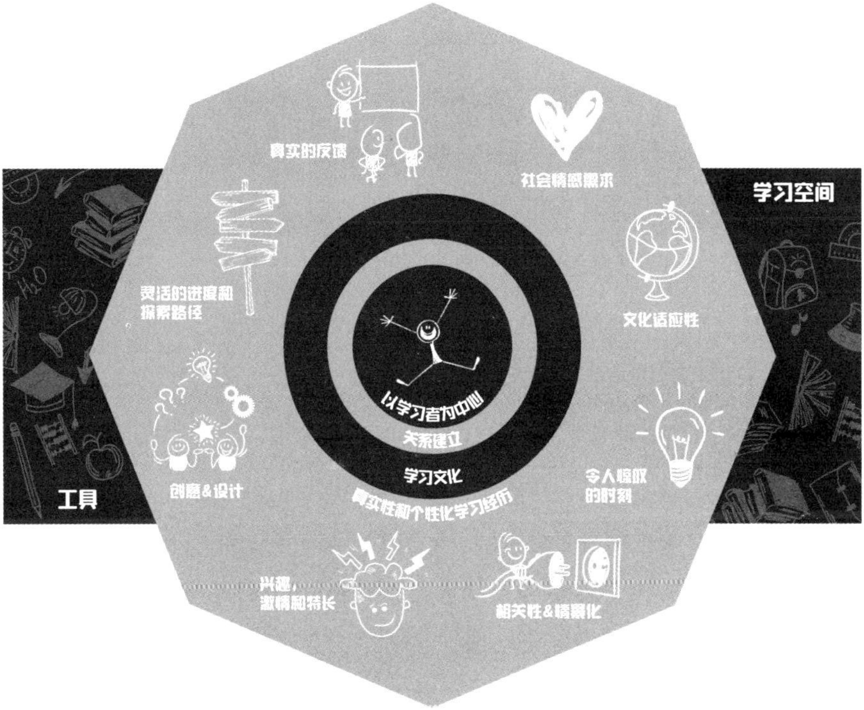

真实性学习要求教学基于真实生活并面向真实世界，我们希望通过真实性学习，为学生创造一个充满爱与尊重的教学环境，希望学生能从被动求知变得主动学习，那在这个过程中，就不免要注意学生个人独特的经历和性格。所以，个性化这个词总是与真实性息息相关。

可以这么说，**真实性**和**个性化**这两个词，描述了我们作为教育工作者应该完成的大部分工作。无论是描述以学习者为中心的经验、我们与学生和同事的关系、学校和课堂的文化，还是我们给学生们留下的知识财富，真实性和个性化这两个词在不同的结构下，可以有不同的含义，但往往是相辅相成的。本书探讨了这些理念相互关联的多种方式，以及使工作变得真实性和个性化将如何对我们的服务对象（学生）产生积极影响。当所有这些理念融合在一起时，这个“真实性和个性化”的框架可以指导我们的教学工作，并帮助我们留下有影响力的、持久的宝贵精神财富。下面，我将简要概述本书各个章节的内容。

在第1章中，你将了解到我的一些人生故事，并了解我个人教育视角的形成过程。你会清楚地看到我对教书育人这份工作的理解，真实性和个性化是如何帮助定义我们与服务对象（学生）的关系，以及真实性和个性化为什么必须成为所有教育和教学工作的核心准则。你会立即明白为什么学习者是这个框架的中心，以及各类关系如何围绕它展开。

第2章将引导你理解真实性和个性化如何帮助定义学生所需要的学习文化。作为读者，我希望这一章的内容能挑战你固有的领导思维，并通过帮助你进行建立信任和承担风险的尝试，使每一次师生互动都变得重要。在本书的框架中，这种学习文化加强了师生关系，并保证了以学生为中心的学习体验。

在第3章中，我们将探索隐藏在每个学生身上的有关真实性和个性化的故事，以确保当我们看到学生时，我们不仅看到了他们各不相同的面孔，还看到了每个人独一无二的心灵。从探求不同的原因入手，我们将寻求优先考虑每个孩子独特需求的方法，发现每个人内在的独特之美。

在第4章和第5章中，我们将基于本书提供框架中的师生关系和学习文化，为学生设想和设计真实性和个性化的学习体验——从创造愿景，到有意识地给学生留下深刻的第一印象，到探索以学生为中心的学习体验等，我们提供了各种可以确保真实性和个性化的教学方法。这两章概述了将每个学生作为一个有价值的个体，为他们提供独特的学习旅程和体验的各类实用方法。

第6章帮助我们重新思考教学工具和教学空间的使用，并重点关注如何有效地利用它们来实现真实性和个性化的学习。作为学习框架的支持部分，这些方面可以强化或阻碍学生的积极学习体验。因此，我们将探讨教育公平的问题，首先要认识到边缘化群体在接受教育的机会和获取知识方面仍然存在差距，其次要确定如何在我们的教室和学校中正面解决这些重要问题。

在第7章中，我们将把前面章节论述的有效信息整合到一起，以便最大限度地发挥我们作为教育工作者的人格魅力和真实影响力，确保学生获得真实性和个性化的学习体验。只有通过坚持不懈的努力和坚忍不拔的精神，通过在逆境中培养失败的心态，我们才能做到这一点。

在本书中，你将从几十位教育家那里学习到他们分享的**"实践出真知"**的秘诀，这部分内容和故事，将给你提供实用教学的方法，使你的课堂或学校最大限度地实现真实性和个性化的学习。我专门通过**"驻足反思"**提出了诸多值得思考和探讨的问题，让诸位可以停下来反思自己的教学实践，因为我们知道，反思是成长的关键要素，也是推动实践变革的起点。诸位也将有机会通过**"案例分享"**的内容，看到当今一些领先的教育专家分享的真实性和个性化的教学经验。大多数章节最后都提供了一个供诸位**"不妨一试"**的方法。这些例子是为了支持诸位的教学工作而写的，无论是作为一线的教师还是作为学校的领导，这些例子都为其提供了实用的和切实的想法，可以拿来即用。[1]

---

① 更多资源请登录thomascmurray.com/AuthenticEDU网站获取。

第1章

人际关系：真实性学习的基础

每一个孩子，距离成功就只差一个成年人给予的关怀。

——乔什·希普

我们有没有可能在那些改变人生的时刻降临的时候，第一时间就发现它？还是说，这些时刻的重要性，都是只有事后方会显现？

有时候，改变命运的时刻就是眨眼的一瞬间，那是信心战胜恐惧的时刻，是迈向全新未来的第一步！但这个时刻将永久地改变一个人的梦想，改变其对生活的思考方式——永远而彻底地改变！

表达对学生的重视和关心

在我自己的生命中，我并没有在改变人生的时刻来临之际就意识到它的存在，直到它将我带上了一条改变我的人生，以及我作为一名教育工作者如何看待自己的以及他人的人生目标的道路。一条简单的人生建议带来的火花创造了无数个改变人生的时刻，这些时刻是真实性和个性化的，也具备了改变命运的力量。

彼时我21岁，初出校门，第一年站上讲台执教。我当时认为自己已经知道选定教学作为职业意味着什么，以及我需要承担什么责任。毕竟，教育孩子们是我长期以来的梦想，而作为一名初出茅庐的四年级教师，我终于得到了实现人生梦想的机会。

开学前的暑假，我花了无数的时间来布置我的第一间教室，然后，满心欢喜地期待着这一天的到来。这是我实现梦想的第一个机会，我终于拥有了属于自己的第一批学生。

马克·韦德是我的入职指导员，也是一位资深教师，他就在对面的303教室上课。马克有26年的教学经验，是我们学校的核心和灵魂，他才华横溢、风趣幽默，他的学生们也都很优秀。他就是我想要成为的教师典范，也是每个孩子梦寐以求想遇到的老师。

我是怎么知道这些的？

在我上课的第一天，每个走进我的教室的学生，都会垂头丧气地说：“真希望今年的老师是马克先生啊！”

事实就是这么残酷，而且我也能够理解孩子们的想法。

因为从见到马克的第一眼起，我就知道为什么孩子们这么喜欢他。他满怀激情、风趣幽默，一言一行都体现着他对学生和教学工作的无尽热情。

在我开始第一天的教学工作之前，马克和我站在教室外面的走廊上聊了几分钟。我至今还记得自己的兴奋程度与紧张程度不相上下。在上课铃声响起之前，马克搂着我的肩膀，看着我说：“汤姆，作为你的指导教员，我唯一能够教会你的一件事情是，教书育人最重要的，就是对孩子们的关心和爱。其他的一切，无论是什么事情或目标，都没有这重要。师生关系，是最重要的。汤姆，如果你能够将这个重点放在一切事务之上，我相信你会在教育事业上取得令人惊叹的成就。但如果你忽视了这一点，作为你的教学指导员，我会给你两个选择：一、转行去干点别的工作；二、将重心放回这上面来。因为即将走进教室的孩子们需要你，对于一些学生来说，你就是他们今年唯一的依仗。你千万不要忘记这一点，师生关系是首要的，其他都是次要的。”

铃声响起，我的第一批学生陆续从走廊上经过，准备迎接全新的四年级。在那一刻，我不知道这一年中会发生什么，也不知道这一年将从根本上改变我作为一个教育者，以及作为一个独立个体的认知。在这一年里，我学到了更多关于人、关于爱他人以及关于教学的真正意义的知识，这比我在任何课程、任何学生教学经验，或任何以往生活经验中学到的都更多。执教的第一年，我将挑战我对教育的核心认知并彻底改变我的心态。

执教第一年遇到的学生们都很有挑战性。虽然我很喜欢他们，但他们的确很难搞定。和他们上学的前几年一样，他们中的很多人都存在行为不当的问题。而我作为一个初出茅庐的新手教师，也感到挣扎和困难，因为我自己也有无数的东西要去适应和学习。

我经常观察对面教室里马克的班级。他的学生经常跟他一起大笑。每天早上，孩子们都迫不及待地跑到他的身旁。每天下午下课铃声响起之后，他总会有访客。几十年过去了，我依然清楚地记得一个星期五下午到访马克的人。

那天下课之后，我在走廊遇到一对年轻的夫妇，他们怀抱着一个婴儿，沿着走廊向马克的教室走去。我看了一眼就移开了视线，以为他们是某个学生的家长，但我很快发现我猜错了。

“马克先生，”年轻的男子站在教室后门朝马克挥手，“我是山姆。20年前是您的学生，您还记得我吗？”

马克立刻回应说："山姆！我当然记得你，进来吧！"

山姆看着妻子，微笑着说："亲爱的，这就是我一直跟你提起的老师，马克先生，这就是了！"我充满敬畏地看着马克走到教室的后面，给了山姆一个大大的拥抱，然后向山姆的妻子介绍自己。

山姆接着说："马克先生，这是我的宝贝女儿。她现在五个月大了。我们周末回来探望父母，所以想带着女儿来看看她老爸最喜欢的老师。"

我当时21岁，这就意味着在我出生后的第二年，这个人成为马克的学生。20年过去了，马克还能够记住山姆和班上的其他学生。我的内心充满了对马克的崇拜和敬仰，我能够做到像他这样吗？学生们会像马克先生的学生那样，多年之后依然记得我这个老师和我的课堂吗？我的学生在多年之后还会愿意回来拜访我吗？我能不能做到像马克这般受人尊敬和敬仰呢？我能不能也成为值得学生们在多年之后，愿意跟自己的孩子讲述和提起的老师呢？

在最初的几周里，我亲眼见证了马克的领导和教学能力。每当他走进教员的房间时，所有人都会面带微笑，就好像他身上天然带了一种令人会心一笑的气质。我从未听见过马克的抱怨，每一天他都展示了自己最好的一面。在教育学生时，马克奉行言传身教的理念，学生们因此而喜欢他、崇拜他，所有的教师同仁亦是如此。

与此同时，走廊对面的我，则在挣扎着继续。就像所有的菜鸟教师那样，我发现仅仅是维持正常的教学工作不掉链子，就已经是一个巨大的挑战。我根本无心关注长期的规划，因为我每天都忙于应付第二天的工作（有时候也只能勉强混过一天）。我总感觉学生有无数的需求，每一天都会带来不同的问题和挑战。而完全没有经验的我，可能无数次地暴露了自己经验不足的事实。

忍无可忍的我，终于撑不住在10月爆发了。我认为自己已经尝试了所有的方法，但内心深处依然觉得自己失败了。在某一天的午餐休息时间，我在教工休息室里爆发了。

我当时刚刚经历了一个备受挫折的上午，气呼呼地走进教工休息室，狠狠地瘫倒在椅子上，然后用手猛烈地拍打着教工休息室的餐桌。

“这个学生真的无可救药！”我彻底地爆发了，“他一点长进都没有。我每天都往他家里打电话，但从来都没有获得任何回应。他根本不懂什么叫作尊敬师长，老师讲的东西从来听不进去，而且总是自以为是。我再也受不了啦。我每一天都留堂给他补课，但是一点效果都没有，他的妈妈也从来不给我回电话。我受够这个孩子了，我再也不想跟他打交道了！”

我觉得自己委屈得要哭了，赶紧站起身冲出了教工休息室，一路抽泣着回到了教室，并关上了门。

沉浸在自己情绪中的我，当时没有意识到，马克随手把午餐放在了桌子上，跟在我的身后回到了教室。然后他打开门走了进来，并随手关上了门。

马克直接朝我走了过来，直视着我的眼睛，说：“汤姆，作为你的教学指导员，我希望以后不会再看到你类似的行为。你想和你的学生建立联结？那你就需要真心实意地爱他、关心他。你需要每一天都让他感受到，你对他的重视和关怀。汤姆，当学生知道自己在老师心中很重要时，或许他才会开始向你敞开心扉，表达关注。”

“汤姆，你来学校的第一天，我是怎么跟你说的？”马克问我，在我出声回答之前，他接着说，“教书育人就是打造良好的师生关系。身为教师，我们最重要的责任，就是关心和爱护这些孩子。没有这一份心，没有良好的师生关系，你将一无所有。现在看起来，你在这个学生身上体会到了一无所有、无能为力的感觉。与其不停地在放学后留堂给他加压，何不尝试邀请他一起吃个午餐，更好地了解一下他呢？你能不能停止对他的大吼大叫，并在看到他身上任何积极的地方时，第一时间鼓励和赞扬他呢？你给他家里打电话的时候，是不是每次都要提出问题和批判？那你能不能尝试在打家访电话的时候，说些好消息呢？你认为他上一次听到来自老师的赞美，是什么时候？你认为他的妈妈上一次接到充满鼓励和肯定而非指责的家访电话，又是什么时候？如果你想要学生理解和听从你的建议，汤姆，或许首先需要改变你自己！”

他的一席话令我倍感羞愧。这是我年轻时期的职业生涯中最低潮的时刻，但最终，也成为我作为一个教育工作者最谦卑的时刻之一。在10月的那个下午，当马克和我站在教室里坦诚交谈之际，眼泪从我的脸上不停滑落。我觉得委屈、难过和备受打击。在说了一些必要的（也是理所当然的）狠话和批判之后，马克——这位工作了26年的伟大教师朝我走过来，然后给了我一个厚实的拥抱。

我这才意识到，这样一个时刻也触动了马克的心灵，因为他真的关心我的成长，像我一样迫切地希望我能够获得成功。

马克随后轻声地对我说：“你可以做到的，汤姆。我相信你。”

他说的很对，我需要改变自己的行事方式，是我的思维和心灵太过僵化，对学生的未来毫不关心。

就在那个时刻，对成功的信念战胜了恐惧，对学生的同理心软化了我的铁石心肠。在那一刻，我才真正意识到，作为教育工作者，师生关系的确是教学工作的基础。

就在那一年接近年末的时候，我才发现，被我认为是冥顽不化的孩子，实际上是我整个职业生涯中见过的最严重的虐待案件的受害者。遭受的严重虐待导致了他异于常人的行为。当我开始愿意花时间去了解他的内心，倾听他的故事，不再被自己先入为主的偏见所蒙蔽，我才意识到，原来每天早上能够起床按时出现在学校，对这个小男孩来说已经是一项巨大的成就。我太过沉浸于自己的厌恶情绪中，以至于完全忽略了他身上发生的事情。我太专注于身为教师的自我需求，太执着于让他遵守我的规则和我的做事方式，以至于完全忽略了他的内心，忽略了他真正需要的是什么。

马克是对的。我将永远感激有他作为我的同事和教学指导员。在我犯下错误的时候，他能够及时地当面指出，并为我指出正确的道路。他从没有在教研室里对我的不足之处说三道四，并在必要的时候指点和挑战我。他坦诚地分享了自己的教学经验，通过他的示范和指导，我意识到寻求帮助是可行的，甚至是值得鼓励的。与他建立的良师益友的关系，最终改变了我的教学生涯。而接下来观察到的事情，更是迅速推动了我身为一名教师的成长和发展。

随着时间的推移，我对马克的尊敬与日俱增。我看到他询问校长，是否可以在教职工会议开始前用几分钟的时间，引导整个团队做一些有趣的活动；我看到他在集会上特意装扮得令孩子们开怀大笑；我看到他创造出孩子们想要的课堂；我看到他对每个学生都抱有很高的期望并给予无尽的关爱——所有这一切都让每一个孩子茁壮成长。

我不再怀疑为什么每个四年级的学生都希望成为马克的学生，因为成为他的学生，在课堂上将感受到来自老师的关爱。马克对学生们提出很高的期望，但同时又让他们相信自己一定可以满足老师的期望。多年来，马克影响了数百名学生，他让所有这些学生的学习体验，变得**真实性和个性化**。马克与学生的关系，以及他所营造的包容性文化，让学生们找到了归属感，并相信自己具备了改变世界的能力。马克营造的积极人际关系，成为他获得教学成功的基础。

马克身上具备一种吸引学生和同事的特质，这并不是因为他的薪酬特别高，或是板书特别漂亮或是讲义特别出众，而是因为他是真实性和个性化的存在。无论做什么事情，他都能够以诚待人，并专注于建立积极的人际关系和表达对他人的关爱。

在接下来的几个月里，通过向马克和其他有经验的同事学习，我开始改变自己的做法。我发现，在实现自我心态的转变之后，学生们也给出了积极的回应——一切都像马克所描述的那样。资深教师的经验是非常宝贵的，而马克对我的指导，只有真正关爱学生、热心教育的导师才能做到。我开始学会对学生心软，给予他们更多的关怀。当我把工作的重点从教学的内容转到教学的对象上时，真正的工作重点终于开始显现。我开始理解真实性和个性化的关系、班级文化和学生学习成果之间的强大联系。

教师态度的改善，伴随着学生行为的改善；教师对学生关爱的增长，使学生对教师的尊重和关心与日俱增；教师敞开心扉的行为，使其终于了解到学生不同的人生故事；师生同心，历经风险之后，终于收获了成功的果实。

教师们可能是这个世界上唯一在临睡前会担忧别人家孩子的群体。刚刚踏上讲台的前几年，我每天晚上都会辗转反侧，因倍感沮丧而难以入眠。几个月过去，学会了诸多经验教训之后，我依然会失眠，但造成失眠的原因不再是挫败感，而是在了解学生们的人生故事之后，产生的担忧与同情。因为我意识到，他们在家里面临着各种各样的困难，我在人生中认为理所当然的事情，或许对他们幼小的心灵而言，是可望而不可即的事物。

几个月之后，各方面的情况都开始好转，我也得到了其他教师同事的鼓励和肯定，以及无数的指导和支持，这让我信心倍增。直到此时，我才终于开始感觉到，或许我还是能够胜任教师这份工作的。

当我终于能够将关注的重点从教学内容转移到学生们身上时，好转的机遇才开始显现。

但现实很快又会再来一波打击，接下来的几个月，将是我职业生涯最难挨的一段时期。我的核心信念遭到动摇、信心彻底崩溃、被学生伤透了心，并反复质疑自己是否还有勇气继续做老师。我经常会怀疑自己的心理不够坚强，无法胜任教育和引导孩子的工作。

那是春季短假前的一个星期三。因为马上放假了，学生们当天下午提前放学回家。在放假前一天的晚上，马克和妻子雷安刚刚取回了他们购买的全新14英尺露营车。他在给我展示车子的图册和露营的安排时，声音里都是抑制不住的激动和兴奋。

“看看这儿，汤姆。我们可以把烧烤架放在这里，露营车的卧室在这边。”马克对我说。

当天放学之后，马克正要回家去接雷安一起去看他们的儿子小马克。小马克在马里兰州的大学里打网球。他们将首次开着美丽的露营车出发。我很为他们感到高兴。那天下午，我们站在走廊上告别，预祝彼此都能够度过一个愉快而漫长的周末时，我挥手对马克说：“祝您有一个愉快的假期！尽情享受你全新的露营车吧！一路平安，我们周二再见！”

但我万万没想到，这就是我们最后的交谈。我根本没有想到这是我们最后一段相处的时光，也万万没有想到，这就是与我的导师马克的永别。

我多希望还能够有机会当面再跟他说一声“谢谢您”。

第二天早上，我走到屋外的报箱取报纸，低头看了看当日头条，大标题写着：**“来自马可基的夫妇，在收费高速公路爆炸事故中丧生。”**

怀着难以置信的心情，我逐字逐句地阅读头版新闻，希望是自己看错了！

一辆挂着拖车的运动型多用途车辆突然失控，从奎克敦交会处以南的宾夕法尼亚州收费公路的东北疾速滑行。车祸造成大火，并导致一对来自马可基的夫妇身亡。普鲁士王村的州警察表示，现年48岁的马克·奥尔顿·韦德

> **实践出真知**
>
> 与学生小规模地进行“校园午餐”活动。打造一种团队共建、协同创新和共同发布的氛围。专门安排时间，检查学生在接受训诫谈话之后的信心和表现情况，良好的师生关系就是通过这样一点一滴的互动建立起来的。
>
> ——布拉德·古斯塔夫森，
>
> 教育博士、明尼苏达州小学校长

和50岁的雷安·韦德，均来自美国梧桐街30号，二者均在车祸中丧生。

或许只有经历过所爱之人骤然离世的人，才能够理解我当时的恐惧、愤怒、怀疑和悲痛交织的复杂情绪。

警方表示，马克的SUV当时正挂着14英尺的露营拖车，但突然失控翻出高速路，右前保险杠撞上了护栏。撞击之后，SUV和拖车分离，被甩到空中，然后掉下路堤，一直顺时针方向旋转，最后驾驶员那一侧撞上了路边的树。

巴克斯县的验尸官约瑟夫·坎贝尔说，这辆SUV从高速公路到库姆里路大约滑跌了30英尺，当时下了一整天的倾盆大雨，路面非常湿滑。坎贝尔说，撞击之后，车辆泄漏的汽油着火，并导致车辆炸毁，而驾驶员和乘客都被困在车内。

“火势非常迅猛。”“这是一次非常严重的交通事故。”坎贝尔说，马克死于烟尘吸入、烧伤和创伤，他的妻子死于烧伤和烟尘吸入。消防局说，消防员赶到现场时发现汽车已经着火。

在那一刻，我的教学导师——两个孩子的父亲、一位了不起的丈夫、一个挑起家庭重担的伟大男子、这个世界上最优秀的一位教师——和他慈爱的妻子就这么走了。伤心欲绝不足以表达他们的亲朋好友的悲痛之情。

那天下午，我的许多同事在学校聚集在一起，悼念我们最挚爱的同事和朋友。怀着沉痛的心情，我们共同回忆了他的事迹与音容笑貌。所有人都伤痛落泪，紧握彼此的双手，我们一起在沉痛中悼念。

这个事件让我意识到，你永远也无法预测未知的未来，只有当不幸和别离来临，你才会意识到往昔的宝贵，直到离别的时刻，你才会意识到过去都已经成为回忆。

最后的笑容。

最后的击掌。

最后的拥抱。

最后的再见。

纵然英年早逝，但在他48年的人生中，马克活得无比精彩。他的每一天，都没有虚度，他在短短48年人生中收获的快乐、幸福和人际关系，是很多人度过漫长的一生之后依然无法获得的，他成为一位真正具备影响力的教师楷模。

在那个周六，超过4000人前来跟马克和雷安告别。宾夕法尼亚州的马可基教堂门外，都是排着队等着向他们告别的人，有些人甚至等了数个小时，才能够向他们尊敬和热爱的两个人道别。

马克可能不知道自己作为一名教师产生了多么巨大的影响力，其留下的精神财富创造了多么重大的价值，或改变了多少人的人生轨迹（包括我在内）。我也无从得知。有的时候，我会去思考，作为教育工作者，我们对学生产生的影响到底能够持续多久，但我可以肯定的是，马克留下的影响，将世代相传。

教师对学生的人生影响是深远而持久的

作为教育工作者，永远不要说你不过是一名教师而已。正如我的教学导师马克·韦德那样，我们每一个教师每一天都有机会来改变这些孩子们的命运。

马克的去世使我了解到，我们所建立的人际关系的质量决定着我们的个人幸福感。最终，这些积极的人际关系，将夯实并证明我们的成功。对于马克来说，这些关系有着各种各样的类型和形式，但它们本质上都是个性化的，并且见证着真实的人生经历。无论是在家还是在学校，它们都是马克所有行动的基础，也是马克留下的宝贵遗产。

在我们的学校和教室中，我们需要确保学生之间不要出现经历丰富而关系贫瘠的现象，因为人际关系的质量将决定着你作为一名教育工作者所留下影响的品质。

随着时间的流逝，我逐渐意识到，我们建立的人际关系越真实性和个性化，就越能够帮助我们产生强大的影响。作为教育者，教育工作的有效性取决于我们建立的人际关系的质量。这些关系是开展教育工作的基础，也是我们所作所为的核心依据。

永远不要说你只是一名教师。每一天，你都有无数的机会，改变每个孩子的命运。

作为一名教育者，我们对学生的影响将伴随他们终生。我们产生的影响越大，其影响力就将越深远和持久。通过每天日常的教学工作，在塑造和引导学生以及他们子孙后代的命运时，我们实际上在创造和改写历史的进程。教师的影响和遗产，具备改变人类前进方向的力量。因此，我们需要慎重做出选择，建立积极的人际关系，以确保历史朝着正确的方向前进。

马克离世一个月之后，学校的同事们仍沉浸在悲痛之中。相信所有经历过类似事件的人，都能够体会到这种无法摆脱沉痛心情继续前进的挣扎。我们并没有隐藏自己的悲伤，但决定携手共同面对失去了马克的全新现实，并将这些结合到日常的教学工作之中。

为了获得真实的写作体验，我请孩子们写一篇简短的文章，回答以下问题："请通过一段话描述一位值得你敬佩的人。请提供尽可能多的理由来论述其值得钦佩的原因，并提供你观察到的具体示例来论证其品质。"

实践出真知

每天抽出时间与每个孩子联系。我知道教师们的时间都很紧张，但这种联系可以产生终身的影响。记住他们的爱好、活动、兄弟姐妹，带他们与周围的人相处，并表现出真正的兴趣。享受与学生相处的时间：微笑、大笑、向他们展示真实的你。

——李·莫耶，
宾夕法尼亚州小学教师

我很自私地布置了这个题目，因为我能够通过它来描述马克。这是一个记录他对我的人生产生影响的机会，是一个在学生面前展露我的脆弱和悲痛的机会，是一个表达出我的谦卑之情的机会，是一个继续体味沉痛之情的机会，也是一个促使我走出悲伤的机会。

我与学生们分享了我作为一名新手教师对马克的敬仰之情。我钦佩他的正直，以及他在一言一行中体现出的对他人的关爱。我欣赏他作为教师的品质，赞扬了学生们对他的推崇。我还分享了马克在我做错时，第一时间把我叫出来谈话的勇气，和帮助我成为更优秀教师的无私奉献。对我而言，马克就是优秀教师的化身，因为他不仅仅是信息和知识的传递者，更是一位帮助学生改变命运的人。

那一周，我和学生们分享了我的作文，并把它作为范文进行展示。在整个写作过程中，我流了很多眼泪。当我和学生们分享我的心声，展露我的脆弱时，他们的反应让我感到惊讶。这一次简单的交流，将一群因行为问题而臭名昭著的学生，变成了一个将永远因马克的逝去而悲伤并被捆绑在一起的团队。

周末过去了，周一上课的时候，孩子们把完成的作文交了上来。我依然记得，孩子们都在不停地谈论自己写的人，滔滔不绝地描述这个人对自己的影响。他们的声音里充满了兴奋、眼睛里充满了爱。他们都为此感到骄傲和自豪。

周一的晚上，我怀着喜悦的心情，读完了孩子们的作文。费斯写了自己的妈妈，布莱恩写了自己最喜欢的棒球运动员，阿丽莎则写了自己的体操教练，然后，我看到了科迪的作文。

科迪不同于一般的学生，他是那种需要特殊的方法才能够沟通和教化的学生。我知道需要对他付出额外的关注和爱护。他也是马克帮助我学会去理解和教育的学生之一。在马克迫使我去真正了解自己的学生之后，我开始每天和学生进行一对一的午餐交流，将他们当成独立的个体，而不仅仅是学习者来了解。

科迪是那种特立独行、不合群的学生。课间休息时，他大多数时候都是自己一个人在操场上游荡，经常衣冠不整地来到学校，也经常忘了做课后作业。就在写这篇小作文之前的11月，我跟科迪进行了第一次的一对一午餐，那个时候我才开始真正对他有所了解。记得当时我问他当年最大的目标是什么，他苍白地笑着说，“希望能够交到一个朋友吧”。在理解他这句话背后的心酸时，我记得自己强行忍住了差点夺眶而出的眼泪。当时的我认为自己糟透了，怎么能够到11月才开始了解这个学生这么卑微的愿望呢。我们每一天都在课堂上相处，但我却对他的需求一无所知。我记得自己当时暗自下定决心，一定要帮他实现这个愿望，不惜一切代价。在我能够真正地教育他之前，我需要尝试着去了解他的需求。

在接下来的几个月里，我和科迪经常一起吃午饭。按照马克的建议，我和他在课间休息时踢足球，其他学生也会加入进来。我后来了解到他对科学和电子游戏的热爱，也发现了他爱玩、古怪的个性。我越了解科迪，他就越能够体会到我对他的关心。他的出勤率和成绩开始提高，并开始表现出一些自信，笑容开始更频繁地出现在他的脸上。有一天，他进来告诉我他在班上找到了两个最好的朋友时，脸上带着前所未有的灿烂笑容。

沉浸在回忆中好一会儿之后，我才开始阅读科迪的作文，然后发现他描写的对象，是我！

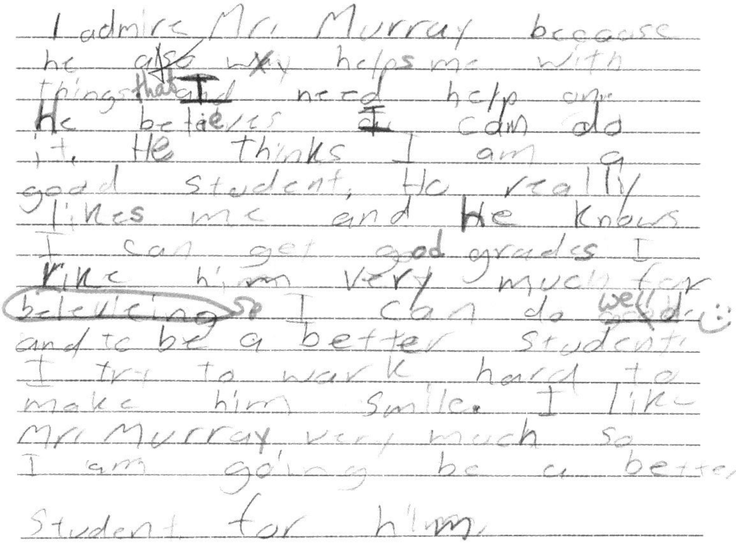
I admire Mr. Murray because
he always helps me with
things that I need help on.
He believes I can do
it. He thinks I am a
good student. He really
likes me and He knows
I can get good grades. I
like him very much for
believing so I can do well.
and to be a better student.
I try to work hard to
make him smile. I like
Mr. Murray very much so
I am going be a better
Student for him.

我非常敬佩默里先生，因为他给予我的帮助比我需要的要多很多。他相信我可以做到，他认为我是一名好学生，他真的喜欢我，他坚信我可以获取好的成就。我真的很喜欢他，因为他信任我的能力，并且认为我可以成为更优秀的学生。为了使他微笑，我尝试更努力地学习。我爱默里先生，所以我会为了他成为一名更好的学生。

在看到自己的名字出现在“敬佩”这两个字后面时，我的眼泪流了下来。我第一次感受到，即使作为一个全新的教书匠，还有无数的不足之处需要提升，我也能够对他人的人生产生积极的影响。我终于体会到身为教师的责任感和成就感，马克在他的职业生涯中可能无数次经历过这样的动人时刻。

在那个晚上，我为我的学生们感到骄傲。他们通过写作与我分享了他们的心声，并以如此详细而动人的方式阐述了他们欣赏别人的原因。

因为教师们第二天要参加集训，学生们都放假了。在跟着教学区内其他四年级的教师们一起培训了一个上午之后，我跟着团队们一起出去吃了午饭，然后回来准备参加下午的会议。下午的会议刚开始不久，扩音器里就传出一个声音，说："汤姆·默里，如果你在会场，请立刻到办公室来。"

同事们都困惑不解地看着我，我有种沉甸甸的感觉，觉得可能发生了什么糟糕的事情。我立刻拿起包，收拾好东西，走到会议室外面。我看到地区行政人员凯伦·比尔正在朝我走来，我永远也不会忘记她对我说的话。她说："汤姆，你家里没事。但的确发生了不好的事情。"我们下楼前往办公室的过程中，她几乎一句话也没说出来。

我们一起走进了高中校长的办公室，有人在我们身后关上了门。当我坐在他们为我拉出的椅子上时，我顺带环顾了一下周围的情况，看到了我的教学主管、两位助理主管和我的校长比尔·格雷祖拉，他的眼中满含泪水。自从马克骤然离世之后，比尔一直是为我提供勇气和支持的磐石。比尔说："汤姆，不幸的事情在今天上午发生了。"

我当时感到已经无法承受任何的坏消息或打击了，但我还是做了最坏的打算。

比尔接着说："今天上午，科迪在家中离世了。"

听到这个消息，我几乎泪流成河、无法自持。我的世界在那一瞬间仿佛停止了运转。

比尔分享了他们了解到的更多关于科迪死亡的细节。“很抱歉，汤姆。我知道你跟科迪关系很亲近。”

科迪只有10岁。

和科迪相处的点点滴滴的回忆，几乎是立刻涌入我的脑海。我回忆起跟他一起吃午饭、在课间休息时一起踢球的情景，还有他那个灿烂的笑容。闭上眼睛，我似乎还可以听到他昨日的欢笑声，我甚至还记得他有几次口误将我称为“爸爸”的情景。此时此刻，我无比想念班上这个跟我建立了**真实性和个性化**人际关系的10岁小男孩，无比想念我曾如此热爱的学生。

我再也没有机会把科迪的作文还给他，也不再有机会告诉他，他在作文中的描述和肯定对我来说具有多么重大的意义。

多希望我还能够拥有一次与科迪互动的机会，只要一次就好！

警方将科迪的死因判定为“意外死亡”。迄今为止，我一直祈祷并希望他的确因意外离开了这个世界。毕竟，对于一个出身于异常艰难的环境，并拿到地狱级别烂牌的小孩来说，我希望他能够在离开这个艰难世界的时候，不用经历太多痛苦。对于科迪，我只后悔没能为他做得更多一些。

当时仍是新手教师的我，因为失去了马克（我人生的导师和挚友），自

实践出真知

了解并记住每一个学生的名字具有奇迹般的力量。因此作为一名小学校长，你最好花时间去了解每个学生的名字，并确保自己能够不念错。请每一年都给每个学生发送一张个性化的明信片，并记得写下有意义和价值的寄语。这会让每个孩子都感到自己的存在得到了肯定，并相信自己的价值被看到了。

——安铂·提阿曼，
得克萨斯州小学校长

己在情感层面仍处于无尽的痛苦和挣扎之中，每一天都觉得要熬不下去了。老实说，我当时觉得自己完全不具备成为一名合格教师所需的勇气和实力。

正如老话说的，祸不单行。在失去马克没多久之后，我又在一个周六，出席了科迪的葬礼，这是我在不到一个半月内参加的第二个葬礼了。这一次的葬礼，与马克的不同，它不是为知名教师而举行的，没有成千上万的人来与他告别。科迪的葬礼，是一个很小型的仪式，只有数位家庭成员、几个邻居，还有几位同学及他们的家长参加。但这些孩子们展现出来的勇气，远远超过了我的预期，为此我要向科迪这几位四年级的朋友致敬。

与科迪的最后一次告别，成为我教育工作生涯中的另一个决定性的时刻。当我站在那里，向我曾最喜爱的学生说再见的时候，我的脸上满是惋惜和悔恨的泪水。在这个时刻，我向自己，也向科迪做出了一个承诺：从今往后，只要走进了我的教室，每一个学生都将体会到被关心和被爱护的感觉；没有一个孩子，在走进我的教室大门时，不会被老师告知他们的重要性；最重要的是，我将不惜一切代价，让他们意识到自己的重要性。

> 在每一个全新的学年，我们能够给孩子们提供的最好的东西，不是全新的技术或课程安排，而是一颗能够看到和听到他们心声的同理心。

马克与学生们的关系定义了他的人生，同时也帮助我看到自己想要成为什么样的人。而科迪与我的关系，则帮助我确定了我的人生目标，以及我需要成为什么样的人。他让我明白，对于他和每一个走进我的教室大门的孩子来说，我应该成为什么样的教师。

在尝试将学习体验变得真实性和个性化的过程中，我们要清楚转变要从自身开始。如果我们想要留下持久而深远的积极影响，每一位教育工作者都应该从自身的转变入手。在每一个全新的学年，我们能够给孩子们提供的最好的东西，不是全新的技术或课程安排，而是一颗能够看到和听到他们心声的同理心。而创造以学习者为中心的、个性化的、真实性的学习体验的基础，将永远是良性的师生和人际关系。

身为教育工作者，我们的心态、视角、思维方式和人际关系，就是开启真实性和个性化学习的起点。教育始于人，也止于人，我们必须充分发挥自己在这个过程中扮演的重要角色。**当我们更关心教学的内容，而不是教学的对象时，教育的真正意义实际上也丧失了。**我们必须深入审视自己的内心，发现自己是谁，然后才能影响周围环境中的任何事物，并最终影响我们的学生，引导他们成为理想的自己。

我们必须爱学生胜过于爱自己辉煌的业绩；必须爱学生胜过于爱我们的习惯；必须爱学生胜过于爱我们自己的羽毛。所有这些爱将在必要的时候，推动我们去进行痛苦但必要的变革。

教育工作是艰难的、有压力的、情绪化的，但一定要相信，孩子们的成长和未来，值得所有一切的牺牲和付出。

只要团结一致，我们就可以做到这一点。

驻足反思

如果师生关系成为教学质量的核心目标，你将会如何设计学生的学习体验？作为一名教育工作者，哪些真实性和个性化的经历对你产生了影响？

不妨一试

- 询问上一年的老师，或者必要时询问学生的家人，了解每个孩子名

实践出真知

在必要的时候，要勇于尝试顺延课程内容的教授，将时间用来与学生交流。因为，每一天花一点必要的时间，来与每一个孩子进行有意义的交流，是值得且十分必要的。

学会形成对学生的自有理解。在每一个新学年开始时，通过观察学生形成自己的看法，而不是根据学生以往的行为或记录来判断他们是什么样的人。

——蕾切尔·戴恩·珀斯，
宾夕法尼亚州高中教师

字的正确发音和他们更喜欢的称呼。

- 敢于向学生袒露自己的脆弱和真实的一面，不要害怕分享自己的挣扎和挑战。这样能让学生眼中的你变得平易近人、可亲可敬。

- 在开始一天的教学工作之前，在办公桌上放上三张便签条。并尽量给三个不同的学生写一张简短的便签，突出表现他身上令你欣赏的、认可的或者让你骄傲的东西。在学生完成一天的学习并离开学校后，将这三张便签放在一个有创意的地方，比如储物柜里、他接下来要打开的课本页面上或者他桌子里面的文件夹里，确保学生第二天能找到这些便签。

- 指定一名班级迎宾员，负责在一周内每天早上或每天上课前在门口迎接每个学生。学生进门时，可以选择与迎宾员学生握手、击掌或握拳，并称呼对方姓名问好。

- 在每天的清晨（小学生）或课程开始时（中学生），提供一个“一分钟反思”的机会。学生可以就前一天的内容提出问题，反思刚刚学到的知识，或者与老师分享当前的一些心事。学生可以自行选择是否提交书面的反思内容，或可以选择通过共享文档等在线工具提交。这样每个学生都可以在短短几分钟内获得老师非公开的反馈。

- 不要只是口头告诉学生你关心他们，而是要通过实际的行动来体现这种关心。空洞的话语毫无意义，你需要通过行动来树立榜样，只有这样才可以建立真实性和个性化的师生关系。

延展阅读

《学生最需要什么》

本书能够帮助教育工作者准确发掘学生需求，鼓励教育工作者走出自己的舒适区，进入学习区，设计符合学生需求的教学方案，并积极与周围人建立联系，从而提升、支持和教育每一个学生。在本书中，作者通过介绍务实的方法，不仅向读者展示了孩子们应该得到这样的教育，而且为读者提供了完成创新性教育的必要步骤。

第2章 打造促进有效学习的文化

> 我们或许无法选择学生或他们的家庭背景，但我们有权决定在什么样的环境中提供教育服务。
>
> ——吉米·卡萨斯

充满活力的学习文化，是确保真实性和个性化学习的必要前提。无论是教授课程的一线教师，还是学校的校长，或教育区的地区主管，都需要通过夯实下面四个核心支柱，才有可能创造充满活力和动态的学习文化。只有在创造这样的学习文化之后，转变学生们的学习体验才有可能成为现实。

创造动态和充满活力的学习文化的四大支柱是：

1. 领导力；
2. 互动；
3. 信任；
4. 勇于承担风险的精神。

要确保真实性和个性化学习发生，我们就必须有意识地定期强化这四个支柱，因为学习文化的有效性，将极大程度上取决于这四个支柱的有效性。

驻足反思

在你的班级或学校中，前述四大支柱中，哪一个支柱最具备优势？哪一个支柱最需要强化？

每个人都可以成为教育领导者

实际行动的说服力永远大于口头的表述或要求。

——史蒂芬·柯维

多年来，我曾有幸与一些极为出色的教育领导者共事。这些杰出的领导者不仅具备极大的勇气，还具备清晰的、以学生为中心的愿景。他们能够以人为本，支持教师们培养学生的冒险精神和创新的学校文化。这些领导者还能够以身作则，用实际行动来引导孩子们的发展，并更看重孩子们自身的发展，而不是将他们视为统计的数据，或只看重他们的考试成绩。这些领导者也愿意挑战现状，愿意为了学生的发展而不惜一切代价尝试和创新，因为他们明白，想要取得成效，就必须以真实性和个性化的方式进行领导。

与美国和世界各地的教育工作者一起工作，让我对学生们的未来充满了希望。每周与这些杰出的教育工作者们共度时光，能够让我更深入地了解他们为学生健康发展所做的大量工作。在他们的课堂上，每一天都会发生许多的奇迹。

我曾与密西西比州的教学领导们共事。在那里，我接触到的所有学生，都生活在贫困线下。但也正是在这种艰难的环境中，我遇到了充满活力和激情、才华横溢的教育工作者，他们为优秀、坚定、勤奋、勇敢的孩子们提供了教育服务。

当然，我也曾在富裕和发达地区与不同的教育者们合作过。在那里，学生们可以使用最新的技术装备，包括最先进的虚拟现实和STEM实验室设备，并且学校每年会花费数万美元来更新和采购更先进的教学设备。在这样富裕的地区，我同样也遇到了充满活力和激情、才华横溢的教育工作者，他们同样为优秀、坚定、勤奋、勇敢的孩子们提供了教育服务。

如果我的这些想法被证明是正确的，那么反过来也可以证明他们的实践是有效的。我曾与来自最贫困地区的教学领导合作，也曾与一些最富裕地区的教学领导合作，后者先进的条件和教学设备是我的学生也不具备的。尽管我与他们的互动十分有限（因为与我共事的大多数学校和教育区的领导都一心扑在了教育上，并专注于以孩子为中心），但这些充满活力、才华横溢的人，每天都在为他人的孩子倾注自己的心血。

基于上述丰富的经验，从城市到农村，从大学区到小学校，从富裕学区到贫穷地区，无论在多么迥异的教学环境、经济条件、人口结构和社会状态中，我们都能够发现可以创造奇迹的教育者。

而且我知道，充足的教学预算并不一定能造就一个伟大的领导者；学校优越的地理位置也不能保证造就一个伟大的领导者；学校庞大的规模并不能造就一个伟大的领导者；一个人的崇高头衔并不能保证他成为一个伟人的领导者……

在《学习转型：未来学校设计的8个关键》（*Learning Transformed: 8 Keys to Designing Tomorrow's Schools, Today*）一书中，埃里克·塞宁格（Eric Sheninger）和我对这个问题进行了探讨，并将“虚职派领导”（LBTs）和“实干派领导”（LBAs）进行了对比。

在我们看来，最优秀的领导者有一个共同点：他们不会光说不做。领导力的关键在于实际的行动，而不是标榜立场或喋喋不休的空谈。在我们多年的教育生涯中，我们所看到的一些最优秀的领导者，从来没有担任过任何形式的行政职务。他们有坚忍不拔的毅力，有能力根据大胆的变革愿景采取行动，从而改善孩子们的学习和学校的整体文化。但这些人往往被忽视，甚至可能不被认为是“学校领导者”，因为他们不具备传统意义上用来描述领导的必要头衔或学位。然而，这些领导者对一个组织的影响要比“虚职派领导”大得多。我们需要更多的“实干派领导”。毫无疑问，你每天身边都有这些人：他们是教师、学生、家长、支持人员和行政人员，他们已经采取行动，在教室或学校里发起了有意义的变革。这些领导者不会只是空谈，而是会采取实际的行动。他们会以身作则地推动教学的发展和变革，而以身作则可能是最有效的方式。他们不会期望别人做他们自己都不愿意做的事情。这些领导者不需要一个头衔或一个新的职位，就能成为变革的推动者。“实干派领导”推动了可持续的教育变革，使学习的转型成为可能。

永远不要低估自己独特的天赋和能力。无论是不是领导，是否具备领导的头衔或职位，我们每个人都有能力塑造学校的未来，并创造一个更好的学习文化，这是我们的学生所需要和应得的。每个人都有能力，在某种程度上发挥领导作用，我们的学校——以及在学校里接受教育的孩子们——都需要更多的注重实干、敢于行动的教育工作者来迎接未来的挑战。

驻足反思

当你看到“学校领导”这个词时，谁会浮现在你的脑海中？这个人具备了哪些与众不同的品质？

归根结底，领导力由行动来决定，而不是取决于名义上的头衔或职位。在人生中，成功与否本质上取决于能否采取有效的行动。

> 人一生的成功很大程度上取决于他所采取的行动。

根据我个人的经验，在很多时候，特别是在那些有害的教育环境中，教育工作者经常会表示“缺乏领导力”，而这往往与教师群体的“缺乏积极性”伴随出现。有害的学校文化并不罕见，同样地，有害的、以自我为中心的、自私自利的“领导力”也是真实存在的。在这些学校和课堂文化中，教育创新将难以出现，教师和学生们也会拒绝承担变革的风险。在这样的环境中，学生将沦落为最大的受害者。

这种恶性的循环会一直持续下去，直到教学领导人改变心态或被其他领导人取代。

我合作过的一些最有活力的学校领导，或许与你期望中的学校领导大不相同。她可能是每一天为了孩子们穿墙而过的三年级教师；她可能是收入远远无法匹配其付出的教学辅助人员，她了解学校的每一个孩子并成为学校的定海神针；她可能是从教35年的老教师，哪怕马上就要退休了，还是一门心思地确保孩子们的每一天都过得充实。她教了22年的二年级课程，但依然能够牢记，每一个学生的二年级就只有一次，所以她仍然愿意不惜一切代价，确保学生们能够度过最美好的二年级。

最好的领导，无论是站在教学一线，还是坐在办公室里远程指挥，都相信成就大事是己任，而非他人的任务。最好的学校领导，从来不会认为，将学校变成改变人一生命运的地方，是其他人的责任；最好的学校领导，永远不会将错误归咎于他人，而是会首先从自身找问题。

领导力，从我们每一个人开始。

只要你在教育系统内工作，无论你扮演了什么样的角色，无论你身处什么样的位置，你就是孩子们的领导者。如果你身处一个糟糕的工作环境，你有两个选择：要么沉迷推诿责任，忘了自己要首先给予积极的影响；要么专注于提供积极的影响，放弃相互指责。如果你不幸身处这么一个环境，并已知造成糟糕环境的责任就在某个领导身上，但你和学校里的所有其他人，都能够竭尽所能，改变学校的环境，力图使其成为地球上最伟大的学校，那么会发生什么呢？有人会说这样的想法过于天真，但一试又何妨？

糟糕的校园环境并不罕见，但要走出这样的环境，无论我们是什么身份和职位，都必须要承担起自己在创建校园文化中扮演的角色和责任。

所以，学校中的领导力，在很大程度上可以归纳为一个词——心态。每个人都知道，指责永远比担责容易；找一个失败的借口，比打赢一场艰苦的战斗容易得多；逃避问题和责任，比迎难而上解决问题容易得多。

所以，如果想要让学校拥有伟大的领导力，那就从自己做起。因为如果我想要改变我的学校，那么我就会从自己做起。我们的心态、行动和影响力，可以推动变革的产生和发展。要时刻牢记，所有的一切，不是为了他人，而是为了自己更好的未来。

我们每个人都要对自己身处的职场文化负责，因为每个人都对它有所贡献。我们每个人，每一天都在为其添砖加瓦或推动其分崩离析。要时刻牢记，千里之堤，毁于蚁穴。现在，相信你已经明白，**学校文化与你身边的教师同事们的心态和行动息息相关**。如果我们希望事情有所改变，我们必须先从自身找原因，再由己及人。如果我们想让整个学校向前发展，我们就必须自己先发展和行动起来，否则，我们只是故步自封。

虽然糟糕的学校文化和领导力的确存在，但也存在每天有无数人心驰神往的学校和地区。这些地方充满了欢乐，吸引了无数的学生和教职员工，每一个人都享受一起度过的每分每秒，因为在这些学校和地区，所有领导者们勇于承担责任、以身作则，所有教职员工都愿意为了学生的成长不惜一切代价。但这些地方不是由某一个人创造的，因为**创新的文化是一个组织内部，许多人以行动为导向的领导力的结晶**。

当学校领导者能够以身作则地崛起，孩子们就赢在了起跑线上。

学校的最高领导层为学校内部的创新文化定下了基调。在糟糕的学校文化中，创新不会，也不可能蓬勃发展。而创新的文化，是创造教育奇迹的先决条件。因此，需要为地区基调负责的教学督导，需要为学校基调负责的校长，以及需要为班级基调负责的教师，应该承担起这个艰巨的责任。

《韦氏大词典》将“文化”（cultrue）定义为“作为机构或组织特征的一套共享的态度、价值观、目标和实践”。

因此，请你花点时间考虑以下问题：

- 在你的学校或教学地区，存在什么样的共同态度？
- 与你一起工作的人之间，有哪些共同的、一致的价值观？
- 你所处的团队，认同和设定了哪些共同的目标？
- 大家公认需要开展哪些类型的实践？
- 你所处学校的态度和实践，是推动还是阻碍了真实性和个性化的学习？

为了确保真实性和个性化学习的发生，学校必须创建一种包容性的文化，让学生们产生归属感，无论他们与周围的人有什么不同。在这些创新文化中，成年人为孩子们树立了理想的行为榜样，并且教职员工和学生们都明白，每一个人以及每一次的师生互动都至关重要。

不妨一试

• 对教职员工的招聘实施委员会表决制度，让教师对即将成为同事的人选有发言权。

• 新教师入职的前三年，施行老带新辅导制度，让老教师有机会培养下一代教师的专业能力。

• 让教师有能力规划和领导全年的专业学习。如果大部分的专业学习都施行自上而下的命令制度，那么可能会遭遇很大的阻力，而且往往效果甚微。

• 在各个层面留出时间进行反思，因为对实践和经验的反思能推动教师的成长。

• 校长们：有时候，适当地放权才是促进教师们快速发展的最佳做法！因此，要充分给予教师们自主发展的权力和机会。

• 教育领导者，不仅包括选择了教育作为职业的教师们，还包括每天带着最美好的希望和期待把孩子送进学校的家长们。因此，请积极地调动家长们的参与，为他们的领导提供机会！

重视与学生的每一次互动

> 你说过什么，做过什么，或许很容易被他人遗忘；但他们绝对不会忘记你给他们带来的感受和体验！
>
> ——玛雅·安吉洛

每年夏天，我都有幸与成千上万的教育工作者一起工作，帮助他们为新学年做准备。每一次的相处，都能体验无数充满感染力的故事和能量。对我来说，2018年夏季的某一天，给我留下了最深刻的印象。但让我永生难忘的，并非现场发生的故事，而是我在返家途中发生的事情。

> **实践出真知**
>
> 作为教学领导，要意识到每一次的互动和联系，都是促成转变的最佳契机。因此，要想方设法地提升每天日常互动的价值和意义。通过言传身教，给学校的师生们带来积极的能量和创新的灵感。
>
> ——萨尼·贝尔，
> 得克萨斯州高中校长

跟往常一样，2018年的夏天，我也在各地不停地奔波忙碌。我的工作性质决定了我会有无数个夜晚在全国各地不同的酒店中度过，辗转在各地之间飞来飞去。那个令人难忘的下午，一开始跟以往无数个奔波的下午没什么不同。

那天早上开完教育学区的会议之后，我急匆匆地赶回圣地亚哥机场。从租来的车子上跳下来之后，我立马转身跳上了机场班车。但不幸的是，我上错了班车。成天奔波在不同的机场之间，不意味着我不会犯下这种低级错误。好在发现及时，在司机开车之前，我拿起行李跳下车，飞快地跑上正确的机场大巴。巴士开往机场的过程中，我完成了已经重复过几百次的流程：在手机上查看登机信息，确定自己办好了登机手续，查看具体的登机口，顺便计算一下还有多少时间可以登机。几分钟之后，载满乘客的大巴车到站了，旅客们推推搡搡地下了车，整个区域一片混乱。

我穿过拥挤的人群，顺着指示牌的引导，来到了2号航站楼。我看了看四周，发现全美几乎所有航空公司的飞机都在这里，除了我要乘坐的美国航空公司。作为一个有着丰富经验的空中飞人，我早已习惯了机场的生活和状态，但在这个机场里，不知道为何，有那么短短的几分钟，我感到了极致的孤独和失落。我四处张望许久，在仍然没有找到要乘坐的飞机之后，决定向人求助。一位年长的绅士给我指向了对面的最后方，说，“看到没？你要坐的飞机在另外一边。你得从那里一直走到最后面去”。我赶紧谢过了他，掉头往回走。我穿过了行李领取处，又挤过了汹涌的人潮，朝着航站楼的另一端走去。

在人群中走到一半的时候，我注意到一个年龄和我差不多的男人。我看得出他好像有点迷路了，好像在找什么人或什么东西。他手里拿着一根手杖，戴着特制的眼镜。我记得自己当时想的是，他是不是在找自己的行李呢。我当时还想，他这样的盲人，孤身一人，行动起来估计有点困难吧。

我继续往前走，但当我从他身边经过时，只顾低头看自己的手机。

全部身心都被疯狂工作占据的我，注意力都放在了那些未接的电话、未完成的工作以及需要处理的待办事项上。于是我继续向安检口走去，中途回头看了一眼那个引起我注意的男人，发现他还是一个人孤零零地站在拥挤的人群之中。显然，他迷路了，就像几分钟之前站在航站楼另一端的我那样。

我突然间为自己的行为感到恶心。

因为就在短短几个小时之前，我参加了南加州的一个学校开放日，在会上做了讲话，激励了数千名每一天为孩子们奉献了全部心血和精力的教育工作者们。我在上午的

实践出真知

每一次的互动都是重要的，因为你永远都不会知道，它会不会变成十年之后依然被人铭记和津津乐道的奇迹！

——乔伊 · 圣菲利波，

威斯康星州教学区主管

演讲中，大谈特谈人际关系和互动的重要性，鼓励他们去建立积极的人际关系，并承担起建立和发展积极校园文化的责任。我告诉他们，哪怕是最细微的互动，也能够让他人的生活变得更美好，因为它会成为一种鼓励。并告诉他们，向他人表达自己的关心，肯定他人的存在和重要性具有改变他人一生的影响力。

那天上午，我希望通过充满激情的演讲，让教师们了解到他们对孩子们产生的终身影响，以及他们的影响力将伴随孩子们一生，并以此真正触动孩子们的心灵，推动教学变革。然而，就在同一天的下午，我就被自己冷漠的行为恶心到了。我越走越觉得自己就是个伪君子。我在上午激励也要求他人付出更多的关注和呵护，确保每一次人际互动都具备积极的影响力和意义，但就在下午，我熟视无睹地走过一个明显因为身体缺陷而急需帮助的人身旁。

于是我谦逊地接受了内心的自我批评，掉头朝那个男人走去。

我急匆匆地再度挤进人潮，看到那个男人还是站在原地四处张望，脸上茫然的神情让我想起了几分钟前的自己，但比我更糟糕的是，他甚至看不到自己身处何方。我走向他，直截了当地问："嗨，我叫汤姆。你看起来需要帮助，我能帮上什么忙吗？"

"我不知道我在哪里。"他说。我问他刚才坐的是哪家航空公司的飞机，是不是想去拿包。

"我不记得是哪家了。"他说。

我开始意识到，他的问题，可能比向哪个方向走，或是如何找到自己的行李更麻烦一些。我环顾四周，看到一个出口门旁有一个咨询台，我觉得他们可能帮得上忙。我问男人的名字，他回答说："斯科特。"然后我请他把手搭在我的肩膀上，打算带他去咨询台问问，看看他需要去哪里。当我们开始一起走的时候，我问他是否有登机牌，这样我们就可以帮助找出他需要去的地方。

斯科特回答说："我想是以U开头的，我不记得了。而且我是从北方来的。"

在接下来的几分钟里，咨询台的工作人员帮我们弄清了斯科特是坐哪架飞机进来的，他的行李会在哪个转盘上到达。工作人员问："斯科特，是美联航从旧金山飞来的航班吗？"

他回答说："哦，是的，先生。是的，先生，就是它。谢谢您。"然后，服务员指了指大楼的远端，正是我刚才自己问路的地方。

斯科特转身对我说："谢谢你的帮助。"我还是为自己第一次从他身边经过时，与其他数百个行色匆匆的旅客一样无视了他而感到羞愧，于是我主动提出陪着他前往航站楼的另一端，并帮助他取到行李。

当我们开始在人群中穿行时，斯科特停了下来，转向我说："我真的很抱歉。我有时候很容易迷路，很容易忘记一些事情。不是因为我看不见，而是因为我的大脑有时候会罢工！"

我回答说："没关系，斯科特，让我把你安全送到那里。我很高兴能帮忙。"

在看了看手机，确定距离登机时间还有多少分钟之后，我问斯科特他的行李是什么样子的。他努力把"迷彩"这个词说出来："是一种军装颜色。"

我的爸爸在海军陆战队服役，所以我总是对军人有着极大的敬意。我停了下来，问道："斯科特，你是军人吗？"

斯科特在拥挤的人群中间停下脚步，指了指自己的帽子，上面绣着"紫心勋章"。无论是第一次走过他身边，还是在我们几分钟的交流过程中，我竟然完全没有注意到。

斯科特慢慢地开始说："事情发生在摩苏尔。那是伊拉克的一个地方，你可能以前没有听说过。我隶属大部队下面的三角洲部队。"

我紧张得心跳都要停止了，我能够预感到这可能是一个悲伤的故事。

他继续说："当天的天气很好，就像今天一样，只是比这热得多……也许有50℃了，相信我，那里真的很热。"他笑着说："我现在仿佛依然能够闻到当天燥热的空气的气味。我的小分队正在帮助城市里的一个家庭。我们在保护这些妇女和孩子的安全，因为那一带有很多坏人。"

我不惭愧地承认，就是在那一刻，我不得不强行忍住眼泪。

"我们以为坏人已经离开了，于是我走出前门去确认。"他又停顿了一下。"就在这时，变故发生了。我中枪了。"他转身指了指自己的头部左侧。"我们在那儿的目的是帮助保护市民。但是万万没想到……真是万万没想到……"

在斯科特用平淡的语气重温短短几分钟就改变了他人生轨迹的经历，回忆他拥有正常生活中的最后一天时，我变得非常情绪化，因为我想到就在几分钟前，我是如此陶醉于自己所要做的一切，以至于我从这个了不起的、勇敢的人身边冷漠地走过。

斯科特继续说道："不过没关系的。我不会有事的。问题是子弹还在我的脑子里。就在这儿。"他指了指自己头上的一个地方。"医生说子弹没办法移动，也不能取出，只能让它留在我的脑袋里。但我没事，我只是需要适应一下全新的生活方式。"

我的眼泪哗地一下涌出眼眶，谁能想到几分钟之前，完全被我漠视的一个人，能够有着如此惊心动魄、触动人心的故事呢。

我们一路走到了行李领取处，他的手还放在我的肩上。当我们穿过人群时，我问起他的故事和他来自哪里。斯科特告诉我，他在得克萨斯州长大。

他谈到了他的家庭，以及他如何加入军队去帮助那些需要帮助的人，他一直都是个乐于助人的人。

我从传送带上拿起他的迷彩包，走到外面等他爸爸来接他。在我们等待的时间里，他转过身来对我说：“我不明白你为什么要帮我，大多数人都是看也不看我一眼直接走过去了。”

他的话让我感到寒心，也让我再次深感愧疚。因为我也曾是从他身边冷漠走过的人之一，我也曾是那个不愿意花一点点时间帮助别人的人。我一直都忙于自己的事情。我太忙了，太专注于自己的需求……没有意识到原来我也可以成为英雄一般的存在。

“嘿，斯科特，亲眼见到美国英雄可是千载难逢的事儿，”我说，“我们能不能拍张照片，让我记住你和你的故事？我想给我的学生们讲讲你的故事。我想让他们长大后，明白什么是真正的崇高的牺牲，什么是真正的英雄……真正的英雄就应该和你一样。”

斯科特点了点头，说：“这是我的荣幸，先生。”

当他爸爸走近时，斯科特伸出手说：“谢谢你，汤姆，你是一位在危难之中向我伸出援手的朋友。”

我觉得自己根本不配帮这位英雄拿行李，我的眼泪又流了下来，只能干巴巴地说：“不，谢谢你，斯科特。”

能有幸帮斯科特找到行李，同时帮助他安全到达目的地，真的是我的一种荣幸。这是我永远不会忘记的荣誉。

对我来说，这些动人的时刻，再次证明了每一次互动的重要性。

在我们的学校和教室里，每一次互动都很重要。我们还必须明白，每一次互动都是对我们周围的人产生影响的机会，而一次互动，就可以永远改变一个人的生命。

当孩子们在走廊上从我们身边走过时，我们会有什么反应？我们是在看手机还是在看他们的内心？当我们看到一个需要帮助的孩子，或者一个看似迷失的孩子，或者一个看似心事重重的孩子时，我们是熟视无睹地继续走下去，还是选择暂停自己的世界片刻，为他提供帮助，让他人的世界变得更美好？

当我们在课堂上与学生接触时，我们的日常互动是怎样的？我们如何确保每一次互动都有意义？我们如何才能让孩子们意识到自己的重要性？

作为一名教育工作者，我们每天都有机会对周围的人产生惊人的影响。即使是一次偶然的互动，也可以改变他人的生活，就像我在8月的那个下午遇到斯科特时一样。

为了创造创新文化，让学习成为个性化的、真实性的，我们就必须认识到每一次互动都很重要。

驻足反思

回想最近一次对你来说具有个性化性质的互动。那次互动的真实性如何？它对你产生了什么样的影响？

我们必须掌控自己的行动和心态，掌控我们所把握的机会和放弃的机会，掌控自己在创造孩子们成长所需的文化中扮演的角色。

当你走进教职工办公室时，你是能够带来积极的能量，还是像黑洞一样吸干所有的正能量？当别人向你寻求帮助和解答时，他们是将你视为知识和灵感的源泉，借由你为他们的生活倾注能量，进一步改善他们的命运，还是将你视为排水管，消耗掉他们原本的能量和动力？

我们必须拥有足够的能力，让每一次互动都有意义，以此创造孩子们成长所需的文化。只有长期坚持下去，坚持这些互动和珍惜这些时刻，信任才能被建立。

不妨一试

- 在办公桌上放一个纸质版的个人日志（或在电脑上创建电子版）。在每天教学工作结束后，用三分钟到四分钟的时间，反思和记录自己认为当天最有影响力的互动。在每周的第一天，花几分钟时间阅读并反思上一周记录的具有影响力的互动。
- 从身边的同事中，找出一个你认为"能够让每一次互动都充满意义和影响力"的人，告诉他/她你为什么喜欢与其共事。
- 悄悄建立一份"互动清单"，密切地记录与学生（或员工）的有意义的互动。随着时间的推移，反思有哪些人你还没有与之联系，并不遗余力地去进行联系。

与周围人建立信任纽带

> "信任的建立，需要数年光阴，但打破信任只需短短几秒，或许破碎的信任，终其一生也无法修复。"

所有需要花费大量时间和精力去建立的东西，实际上也很容易瞬间破碎。没有脆弱的师生互信关系，学生们就很难取得任何学业的进展。有了师生互信，师生之间就能够建立牢不可破的纽带，并打造一个学习型的校园文化。

作为所有互动的基础，师生信任决定了我们的课堂和学校取得进步的速度。领导力的执行效果也取决于信任的牢固程度；协作的推动也有赖于信任关系的辅助；变革的发生和落实同样也要取决于师生信任的建立。此外，**真实性和个性化学习能否蓬勃发展，以及积极的校园和课堂文化能否建立，同样要取决于师生互信关系的建立和速度。**

你是否采取了具有针对性的行动，来在课堂和学校中有意识地建立师生互信的关系？毕竟，信任关系的建立，不是一蹴而就的，也不可能在开学第一天就完成。所以，你如何确保可以通过长期的规划和行动，来持续性地建设校园文化中的互信关系？

作为教育工作者，我们在处理事务时依赖理性的头脑，但做出决策时可能会依赖感性的心灵。与此同时，我们要牢记的是，学生也是如此。只有建立了师生的互信，我们才有可能建立良性的师生关系，而这恰好是真实性和个性化学习的基础。学生只愿意向自己喜爱的教师学习，这早已不是什么秘密。而学生对老师的敬爱，需要基于他们从老师身上获得的安全感、归属感，并感知自己得到了老师的关注和重视。而我们在教学过程中的日常互动，就能够稳定和巩固这些宝贵的师生互信关系。

在信任成为班级文化最重要的生命线之前，教师们需要学会首先信任自己。建立教育工作者自身的自信，要求我们肯定自我的价值。此外，对自我的信任，来源于我们对自身需求的认知——我们对自我的关注和重视。自我

实践出真知

每一天，在学生走进教室或课间休息时，播放学生喜欢的歌曲，也能够帮助创建一个学习型的课堂文化。

——米卡赫·施皮尔，

美国纽约市中学教师

关注能够为我们补充能量，让我们能够继续从事热爱的教学工作。

我们只有首先重视和照顾好自己，才能够最大限度地建立与他人之间的信任关系。“不惜一切代价”为孩子们谋求发展，并不意味着让自己在整个过程中疲于奔命。“不惜一切代价”为孩子们谋求发展背后的逻辑在于：能够让自己处于正确的位置，能够为那些传统上得不到充分关注的群体发声；为教学内容和领域注入全新的激情，或与需要帮助的孩子们共度一段安静的时光，同时以最高标准完成质量最佳的教学。作为教育工作者，我们只有照顾好自己，才能够确保在最具挑战性的时刻，发挥最大的效能。我们每个人或许都会记得每天给手机充电，却往往忘了给自己充充电。

每一个乘坐过飞机的人，都听过起飞前的例行广播（哪怕没有仔细聆听）。在例行的安全广播中，乘务员会指导乘客在紧急情况下的正确操作。广播内容如下：“在机舱失压的情况下，您座位上方的氧气面罩将展开。请先给自己戴上面罩，再去帮助别人。”

我们每天都在花时间给手机充电，却经常几个月不给自己充电。

许多人会用这个信息来强调自我照顾的重要性，我能够理解他们的逻辑。因为，帮助别人的前提，是我们必须先照顾好自己。然而，我认为有必要重新思考这个常见比喻蕴含的意义，因为这个比喻其实指出了一个共同的问题，也提供了一个反思的机会。

这个比喻说明的问题就是，我们作为人类、作为教育工作者，经常会做的事情，就是因为过于专注于为他人的付出，以至于忘记了照顾自己。在遭遇飞机事故的紧急情况下，当所有人都处于自由落体状态并需要赶快戴上氧气罩时，可能很多人的第一反应并不是给自己戴上氧气罩，而是第一时间去帮我们所爱之人戴上，所以航空公司才会发布这样一个看似自私的指令。我们很多时候会疏于照顾自己，直到医生告知我们的健康出了问题，或者我们的配偶袒露对我们的担忧，或者我们发现一直错过的人生已经再也追不回来，方才感到自我照顾和重视的重要性。

> **实践出真知**
>
> 给自己制订一个每日修复计划。选定一个对自身的健康和发展有益的行动，并在计划的周期内坚持施行。但要确保留出足够的空间和灵活性，使这项活动能够与每天繁忙的教学日常工作有机地结合，并随时根据实际的情况和需求进行活动规划的调整，以确保能够施行最适合自己发展的行动计划。
>
> ——莎拉·约翰逊，
>
> 威斯康星州教育专家

如果我们作为教育工作者，在极端紧急的情况下，总是最后一刻才给自己戴上氧气面罩，那么在这个过程中，部分的效率已经被牺牲了。我们或许都曾经听过导致他人人生发生改变的变故，例如至亲的逝去；以及他人如何在命运的逼迫之下，不得不调整人生的重点，放慢人生的脚步，花时间去与所爱的人相处，或专注于治愈自己的故事和经历。

作为普通的凡人，我们或许都曾感受过人生的高光时刻，感觉到自己不可战胜，处于世界之巅的情绪。但我们也可能曾坠入人生的低谷，遭遇那些觉得自己无法再坚持、再继续的时刻，经历过无边的恐惧和自我怀疑的情绪，感到自己深陷困境而无法动弹。

教育工作者是这个星球上最敬业、最勤奋、最可爱、最无私的人。然而有的时候，这种全身心的奉献精神是错误的，并且往往以牺牲我们所爱之人为代价。服务他人并不意味着就要掏空自己，付出一切，因为当教师们燃烧自己去服务学生时，教学的效果可能也会被大打折扣。

教育工作者内心的空虚，会导致对自己缺乏信任。就像你无法从一个空

> 作为教育工作者，我们必须在最艰难的时刻，首先照顾好自己，这样我们才能够最大限度地提高教学的工作效率。

杯中倒出水那样，一颗空虚的心灵也将无法给孩子们倾注爱与关注。如果我们要投资人生于他人的生命，我们首先要投资自身。

教育工作者对自身的投资是值得的！每个人都值得这样的自我关注和投资！孩子们也需要教师们的自我关注和投资！

自我关注和投资，将使我们有能力投资于他人，并在纽带形成时建立有意义的师生信任。教育工作者如何与周围的人建立信任？对我来说，在踏上讲台的第二周，我的主管就示范了建立师生信任的第一步。

那天下午，孩子们吃过午饭回到教室后开始读书。当学生们在听朗读录音时，我眼神向左一瞥，看到了我的教学主管，斯坎伦博士正站在我的教室门口，脸上带着微笑。

“汤姆，你现在有时间和我聊一聊吗？”他问我。

我吓得小心脏都要停了。想象一下，一个初出茅庐的新手教师，在上课的第二周，被教学主管喊到走廊上聊一聊。我一边走出教室，一边忐忑地想：“是不是等下聊的，就是收拾你的东西滚蛋类型的对话。”

我是不是做错了什么？是不是没有按照教育局的标准进行教学？是不是我教学的效果没有达到学校的预期？

我告诉学生我要暂时离开教室一会儿。但是没想到这个“一会儿”实际上不到30秒钟。

斯坎伦博士跟我握了握手，说：“很高兴见到你，汤姆老师。”

“下午好，斯坎伦博士。”我回答说。他可能从我颤抖的声音中听出了我的紧张。

他继续对我说："汤姆，昨天在学区办公室的时候，我无意中听到有人分享了你在第一周的时候，如何让孩子们在外面做团队建设活动。我想过来说，永远不要停止尝试新事物，永远不要停止为你的学生走出舒适区。在你的第一周，你就已经和孩子们一起尝试新的东西，请继续尝试新事物，这令我印象深刻。如果你需要任何帮助，请随时跟我们沟通，感谢你为工作的积极努力和付出，祝你下午休息愉快，请继续您伟大的工作。"

斯坎伦博士笑了笑，又和我握了握手，然后走回了走廊。

我不知道傻呆呆地举起双手走回教室的时候，是否就像刚跑过马拉松的终点一样，但我记得自己当时的感觉——我就像站在世界之巅，觉得自己无所不能。而那一刻只用了不到30秒的时间，20年后的今天，我可以告诉

实践出真知

如果我们想要建立有效的师生互信关系，就需要在学年伊始之际，向学生了解信息，以建立个性化的关系，并且需要持续关注学生的反应和情况的变化。师生互信关系的建立，要求我们在整个学年的过程中，反复开展此类的互动和了解。

——吉米·卡萨斯，
艾奥瓦州教育专家

驻足反思

作为一名教育工作者，这种能够带来正能量的互动对你来说是怎么样的？这些充满正能量的时刻，如何激励你为他人做出同样的事情？

你，我凭借脚踏实地的努力，一步一步地走上了世界之巅。

这一次的互动，让我充分体会到了积极互动的瞬间力量，真实肯定之语的力量以及人际互信的力量。

在生活中，我们或许都经历过类似的时刻。这样的时刻可以赋予我们力量，让我们充满应对一切未知和挑战的信心和能力。然而，那些重创我们心灵和自信的时刻，也会在脑海中留下根深蒂固的印记，造成难以克服的自我怀疑，信任就是这样一把“双刃剑”，稍有不慎就会导致灾难性的后果。

随着时间的推移，我了解到，对斯坎伦博士来说，这种简短的互动，已经成为他工作的一部分，是他树立领导力的方式之一。因为他充分了解到，真诚的肯定带来的激励力量是无与伦比的；他十分明白，要建立一个高效的团队，必须先建立积极的团队关系；同时他深知，信任是真实性和个性化学习文化的基础。

在你的课堂上，哪个学生最需要这种类型的互动？在你的团队中，哪位老师会从这样的真实性和个性化的互动中受益最大？

在我们的课堂上，**信任不仅仅是一个词汇，也不是某个单独的时刻就可以建立的东西，而是我们与周围人分享的有意的行动、反应、态度和时刻的结晶。**

要想增强能力，就必须先通过建立信任关系来强化和巩固每一个参与者的自信心。没有了这种教职工团队成员之间以及师生之间的信任，我们可能一无所有、毫无寸进；没有了这种信任，就不可能实现真实性和个性化的学习。

我们如何才能与周围的人建立信任？

1. 诚实守信——在教学过程中，教师也可能会犯错，在犯错时要勇于承认错误，因为诚实是建立信任的基石。

2. 保持真实——如果人们没有感觉到你的真实，那么就无法与你建立相互信任的关系。

3. 保持善良——善良并不意味着盲目地对他人“好”，而是意味着我们需要怀抱同理心地对待每一种情况。

4. 保持同理心——每个人都可能面临着内心和思想上的挣扎，有些人的困境可能比其他人更加艰巨，保持同理心让我们具备了理解他人和感同身受的能力。

5. 值得信赖——言出必行，说到了却做不到可能会导致别人怀疑你的可靠性。

6. 始终如一——信任的建立需要通过长期的一致性和稳定的行动来实现。

7. 能力卓越——如果人们无法信任你具备完成工作的能力，那么他们就很难给予建立信任关系所需的信心。胜任工作的能力，来自研究和观摩比我们能力更强、教学业务更熟练的前辈，并需要将学到的东西付诸实践。

因为我们知道每一次的互动都至关重要，且信任是建立良性人际关系的基础，所以我们每一天都需要找机会来投资他人，建立关系的纽带，所有这些都会成为取得教学成功的根基。切勿因为互动的微小，而不采取任何行动，且要时刻牢记，花在投资他人生命上的时间，绝对不会被浪费。

2018年对中学生进行的一项研究，要求指导教师对教学实践进行微调，这些调整不需要花钱，不需要大量的培训，也不增加课程需求。但这种细微的调整，最终却大大提升了学生的学术参与度，增幅高达20%，与此同时将学生的破坏性行为降低了9个百分点。这就相当于“在每天五个小时的教学过程中，增加了一个小时的参与度”。

那么这个影响最深远的教学实践或最新的教学手段是什么？是什么微小

的举动，就带来了学生参与度和行为如此巨大的变革？

其实很简单，就是每天上午第一节课开始之前，站在教室门口给学生的积极、有意识的问候。

没错，就这么简单。

如果教师们能够花时间站在教室的门口欢迎学生，那么就能够营造出一种他们重视学生，且愿意为学生花时间的文化，这将进而转化为对学生的社会和情感层面积极情绪的投资。教师站在门口欢迎学生还传递了这样一个信号，即作为教师的我们，愿意积极主动地去接触和靠近学生，我们愿意放下身段来与学生平等相处，并做好了随时为学生服务的准备。

这一项名为《教室门口的积极问候：低成本、高效益的主动式课堂管理策略评估》（*Positive Greetings at the Door: Evaluation of a Low-Cost, High-Yield Proactive Classroom Management Strategy*）的研究得出的结论是，在一天的学习开始之前，这种来自教师的积极问候语非常有效，因为它们帮助“建立了一种积极的课堂氛围，让学生感受到一种联系和归属感”。该研究的作者指出，“考虑到研究已经表明，获得成就的动机往往是社会归属感的副产品，那么这种课前的关注，可以为期望的行为建立驱动力，而这一点对于课堂和学业表现的改善尤为重要……整体看来，‘教室门口的积极问候’策略的前述核心特征，有助于推动学生行为层面的参与度，并确保学生们能够最大限度地利用教学时间，同时预防干扰学习的问题行为的发生”。

> **互动无小事，投资于他人生命的时间，绝对不会被浪费。**

正是像这样细微的时刻——这种非语言层面的人际交往，如击掌、微笑、竖起大拇指或友好的握手——可以增强学生的社会归属感。这种归属感能创造一种价值感，一种内在的驱动力。这种价值感反过来又有助于培养学生的心态和信心，让他们相信一切皆有可能。

驻足反思

对你来说，每一天的教学开始之前或上课之前的几分钟是什么样子的？在那段时间里，你有什么样的教学规划？

如果我们要让学习变得更加真实性和个性化，就必须建立一个强有力的信任纽带。为了使学习体验发生转变，教育者和学生都必须愿意主动承担风险。当信任的关系赋予了学生冒险的能力时，更深层次的学习就会蓬勃发展。

不妨一试

- 询问学生的兴趣和爱好，并在接下来一整个学年的谈话和活动中，有意突出和强调这些兴趣和爱好。
- 避免说别人的坏话。这会导致他人怀疑你私底下会乱说坏话。
- 言必信，行必果。对学生说一套，却又做另一套，是打破课堂信任的最快方法之一。
- 校长们，试着给你的老师设计一张精美的名片。这可以显示出你对他们的重视，并将他们视为专业人士。

有计划地冒险与创新

> 20年后，你可能会更悔恨该做的事情没做，而不是后悔做过了什么。所以拉起人生的风帆，驶离安全的港湾，去探索、去梦想、去发现未知的人生。
>
> ——马克·吐温

对失败的恐惧可能是导致我们裹足不前的最大因素。迈出第一步往往是最艰难的，如果一个人对自己没有信心，又不具备克服恐惧的能力，那么他尝试冒险的机会几乎是零。

那么，你如何定义恐惧呢?

逃避（Forget）	面对（Face）
所有（Everything）	所有（Everything）
然后（And）	然后（And）
逃跑（Run）	崛起（Rise）

来源：Zig Ziglar

奥普拉·温弗瑞被称为世界上最成功的企业家之一。在她的职业生涯中，她从零开始建立了一个具有深远影响力的脱口秀品牌，并发起了各种慈善组织，为他人提供机会。2018年，奥普拉被公认为是福布斯富豪榜上唯一的一位非裔美国女性，净资产近30亿美元。与榜上其他富豪不同的是，奥普拉在逆境中的坚持不懈，最终帮她赢得了现在所拥有的一切，但在这一过程中，她也曾无数次被命运逼着去承担风险。她出生于密西西比州农村的贫困家庭，母亲生下她时年仅十几岁，还是一位单身母亲。奥普拉后来在威斯康星州的密尔沃基长大。在经历了艰难的成长后，她被送到了生父所在地生活，并离开内城搬到了田纳西州，后来她通过获取奖学金，进入田纳西州立大学学习。

19岁时，奥普拉已经进入了电视行业，并在当地晚间新闻中担任联合主播。然而随着时间的推移，她却因为“不适合做电视”的理由，而被迫辞去新闻主播的职位。她毅然决然地离开了，但坚持不懈地努力钻研自身的主持技艺，重拾了身为主持人的信心，最终冒着风险去创办了自有品牌的电视节目。

实践出真知

作为教学区的主管，我经常鼓励教师们去冒险并享受探索新事物的过程。我会鼓励他们去探索自己和学生都感兴趣的事物，鼓励他们推动创新和变革，并成为学生们在这方面的行动标杆。哪怕所有的尝试都失败了或没有达到预期的目标，也没有关系。哪怕在这个过程中，事情看起来都乱套了也没关系。只要教师们能够从失败中汲取经验教训并做出必要的改变和调整，那么他们的冒险和创新就是值得鼓励的！

——杰里·阿尔曼德雷兹，
加利福尼亚州教学区主管

20世纪80年代中期，奥普拉冒着赔光一切的风险，签下了主持自创电视节目的合约。后来，《奥普拉脱口秀》在美国成了家喻户晓的电视节目，并持续获得了有史以来同类节目的最高收视率。

无论在演艺界，还是教育界，沉迷于舒适区中，是无法发现令人惊奇的新事物的。敢于承担经过精心计算的风险，才能够真正推动伟大变革的发生。精心策划的冒险，既需要勇气和能力，也需要迎接过程中一切不确定性的能力。这并不意味着鲁莽地尝试一无所知的新事物，而是要求教师们既要有意识地走出自身的舒适区，又要将不可想象的事情变成真实的可能。

为了确保真实性和个性化的学习体验，所有的参与者，无论是教职员工还是学生们，都需要在整个过程中承担风险。如果身为教师的我们，希望学生能够承担风险，那么我们就首先要树立一个敢于冒险的行动榜样；如果教育管理者们希望教师们敢于承担风险，那么他们首先要通过实际的行动来树立榜样，培养和创造一种能够让冒险精神蓬勃发展的学习文化。

驻足反思

你采取了什么行动，来为你的学生和教师们树立一个敢于冒险的形象？

我们现在已知的一切，都曾是我们需要鼓足勇气去学习和了解的未知事物。很多时候，我们梦想的可能性，就位于恐惧高墙的另一边，只要我们能够翻越这堵墙，就能够实现梦想。

人类天性恋旧，更喜欢已知和熟悉的事物。我们的大脑已经形成了追求这种舒适感和熟悉感的本能。然而，成功并不会从天而降，它是需要我们秉着无所畏惧的精神去追求的事物。

作为教育者，我们必须愿意犯错误；必须愿意模糊舒适区的界限，为学生示范我们个人真实的前进道路。为了发展新事物，为了激发创新的火花，压抑我们自身的恐惧感很有必要。当我们冒着风险犯了错误时，我们常常会

驻足反思

你是否曾犹豫是否应该在课堂或学校尝试一些新的东西？它是什么？想要实现它需要什么支持？

发现唯有创新，唯有用不同的思维方式来改变自己所处的位置，才能实现最终目标。在新旧交汇冲突的艰难时刻，新的和更好的东西才会出现。

走出舒适区要求我们先迈出最艰难的第一步，然后第二步、第三步就成为自然而然的事情。一旦抵达了预期的目的地，你就会发现，原来这条道路并不拥挤，也并不艰难。

意料之外的奇迹般的机会，往往只会在冒险的过程中闪现。因此，要拥抱敢于冒险的心态，这将帮助你克服对失败的本能恐惧，强化你的自信心，并帮助你茁壮成长。

我们最大的希望远比最大的恐惧更有力量。对于我们所带领的学生也是如此。为了实现真实性和个性化的学习，我们必须为所有学习者创造冒险的文化，无论年龄大小，这样我们才能克服恐惧，热情地追求孩子们所需要的东西。

不妨一试

- 在我们要求学生走出舒适区，尝试新事物之前，我们必须自己这么做。教师们在尝试新事物时，可以向学生示范自己的思考过程。
- 敢于在学生面前表现出脆弱的一面。要知道，你的学生无法理解那些表现得完美无缺的人，要积极地与学生分享你在学习过程中犯下的错误。
- 在一整个学年中，尝试加入不同的克服逆境的人生故事。让学生从历史上选择一个他们钦佩的人，并分享这个人如何克服恐惧，成为我们所熟知的成功人士。

第3章 理解每一位学习者的内心故事

> 分享故事能够创造凝聚力，它使我们能够通过别人的眼睛看问题，并使我们能够了解别人的诉求。
>
> ——彼得·福布斯

你有什么样独特的人生故事？什么样的人生经历铸就了今日的你？生命中的哪些事情塑造了你独特的视角，影响了你看世界的方式？你独特的人生故事对你作为教育工作者的职业产生了什么影响？自人类诞生以来，故事就成了最强有力的一个工具，给所有探索真知的人，提供了形成深刻认知的方法。

下一次，在你闲暇之余，请找出一张上一个学年的班级大合照。当你看着这张班级照片时，你会想起什么？当你看着照片上孩子们的面孔时，你能够记住的是哪些信息？是什么生活故事成就了这些学生？这些故事对他们的学习产生了什么样的影响？我想你或许已经记不得照片拍摄的具体日期，但这张照片一定会让你想起与孩子们相处的无数个瞬间背后的诸多故事。

了解个体背后的故事，是一个充满了能量的教育方法。基于故事所提供的信息，以及故事帮我们形成的洞察力，我们可以与他人建立全新的更深层次的联系。所有这些背景信息，可以帮助我们以不同的方式看待事物，有时候还能够帮助我们看到以前难以理解的事物背后的原因。

一切都始于“为什么”

> 当你知道行动的原因，你的所作所为就将产生更大的影响力，因为你正沿着正确的道路，朝着正确的目标进发。
>
> ——小迈克尔

“你为什么要学这个？”

“我为什么要做那个？”

“为什么？”

听起来是不是很耳熟？

人类天性渴望明确的目标感。因此，我们会自然而然地寻求他人的理解，并寻求与周围的世界建立个人的联系。因为我们渴求这样的联系，因此在创造真实性和个性化的学习过程中，我们就必须关注和理解学生们学习的原因，也就是为什么而学习。

西蒙·斯涅克在他的TEDX演讲《伟大的领导者如何激发行动》中公布了他的“黄金圈法则”。斯涅克说，大多数企业的思考、行动和沟通方式完全相同，都是由外而内，从“做什么”（What）开始，到“怎么做”（How），这已经成为企业和人们沟通方式的常态。这不是什么秘密，在我们的教育模式中也是如此。但斯涅克接着说，“受启发的领导者和组织，无论其规模大小，也无论其所处哪个行业，都是由内而外地思考、行动和沟通的”。他还强调了那些改变人类历史进程的人物，如马丁·路德·金、马丁·路德·金二世、乔布斯和莱特兄弟等，都是由内而外地进行思考。

无论是威尔伯·莱特和奥维尔·莱特在1903年用第一架动力飞机在小鹰机场进行了4次短暂的飞行，还是1963年马丁·路德·金在林肯纪念堂的台阶上发表了《我有一个梦想》的演讲，还是2007年史蒂夫·乔布斯揭示了“一个iPod、一部电话和一个网络通讯器”等于iPhone的设计理念，每一个改变世界的时刻都是从“为什么”（Why）开始的。这些领导人可能来自不同的年代，彼此之间也没有什么共同点，但他们都被个人事业和目标感所驱动。这些人之所以如此出色，就是因为他们充满激情地用自己的“为什么”来驱使自己前进和领导他人，这也使得他们与其他具有类似抱负但没有成功的人区分开来。

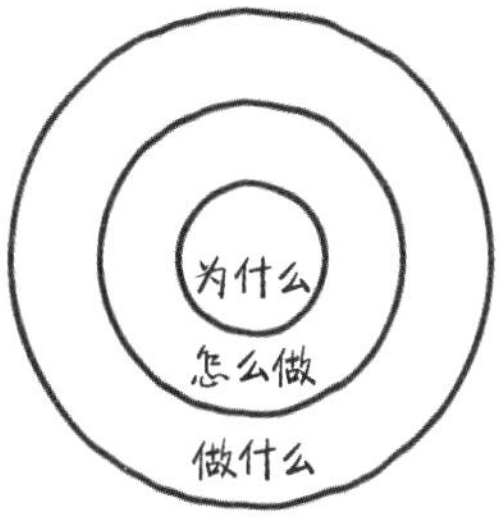

驻足反思

你的教学动机是什么？你的教学目标是什么？你为什么要采取你所做的行动？

> 每一个孩子的内心都隐藏着无限的潜力，教育工作者的责任，就是去找到这个潜力并释放它。
>
> ——埃里克·塞宁格

许多人常常忽略了一个事实，即斯涅克的黄金圈法则是有神经科学理论支持的。黄金圈的外环（做什么）与人类大脑的外侧部分相关，即新皮质。

大脑的这一部分负责有意识的思考、语言其他高阶的大脑功能，如感官知觉和运动指令。它也被证明是控制睡眠、记忆和学习过程的中心。这里是进行理性思考和理解事实的地方。

中间的两个同心圆（怎么做和为什么）与大脑的中间部分，即边缘系统有关。这是支持行为、情绪和动机的系统。它是大脑的一部分，是产生个人直觉的地方，也是长期记忆的存储中心。

在了解人类大脑工作原理的基础上，我们知道，必须激活与大脑边缘系统的联系，才能提高学习动机和改变行为。这就是为什么我们将在本书第5章中讨论的社会情感学习，最终成为重视、认可和欣赏整个孩子的核心。

当我们努力转变课堂上的学习模式时，就必须从为什么入手，因为这个“为什么”提供了学习的驱动力，也具备了改变行为的力量。只有理解了“为什么”，实践的转变才有可能。始终如一地坚持探索这个“为什么”，将会带来学习体验的可持续变化。

那么，为什么我们要转变教学实践，让现代的学习者获得更加真实性和个性化的学习体验呢？

显而易见，黄金圈法则在教育领域的运用，同样基于已知的人类大脑的运作方式。当某件事情是个性的、真实的经历时，边缘系统就会参与其中。

实践出真知

在城市学区，教师的职业倦怠率达到了历史最高水平，原因是这些教师中的大多数人确实没有深入了解学生的背景和困难。然而师生关系比教学激情更重要！ 一个空着肚子目睹暴力的学生，在努力找到果腹的食物，在他或她的基本需求得到满足之前，他们根本不可能关心形象化的语言或毕达哥拉斯定理。

——马科斯 · 纳瓦斯，

新泽西州地区STEM促进者

这反过来会促进动机的驱动力，进一步挖掘相关情感，并延长相关的长期记忆。创造真实性和个性化的学习体验也有助于我们因材施教，因为我们正在教授历史上最多样化的学生。每一个学习者都是独一无二的，都是由他或她人生的独特生活故事所塑造的。每一个学生都具有不可思议的潜力，都有可能创造令人惊叹的奇迹。

真实性和个性化的学习，要求我们尊重并承认每个人都有宝贵的故事。每一个教学管理者、每一位教师、每一位辅助人员、每一个学生身上，都有可能存在独一无二的故事，都有着独特的闪光点。每一个故事都充满了不同程度的希望和快乐，混合着不同程度的怀疑和悲伤。每一个故事都会随着时间的推移而演变，这就是我们每个人的核心所在，并影响着我们看待周围世界的方式。

每个故事，都是个性化的，也都是真实的。

每到冬天，人们都会说“这世界上没有两片一模一样的雪花”。虽然雪都是大气中的水蒸气直接凝华或水滴直接凝固而成，但落地后，每一片雪花都有自己独特的形状。虽然不同的雪花之间可能存在许多相似之处，但每一片雪花都有区别于其他雪花的特征。既然雪的形成原理都一样，那每一片雪花又是如何变得独一无二的呢？因为每一片雪花从诞生到消融，都要经历不同的过程（如水汽压不同影响着其凝华的速度），这将影响着它的形状和大小，并最终影响着它的独一无二的形态。

在这一点上，人类和雪花之间有着明显的关联性，因为我们每个人都在经历一段独特的生命旅程，并会在这段旅途中改变我们个人的身份和特征。从我们人生最早期的交往开始，我们的内在就已经形成了独一无二的特质：我们的信念、观念、心态、个人故事放大了我们的独一无二的内心。

驻足反思

你有什么独特的故事？你的哪些生活经历改变了你看待世界的角度和方法？

了解一个人的故事，会促进更深层次的个人联系的建立；了解一个人美丽的独特之处，会放大真实性。真实性和个性化能使人们建立心灵相通的联系，从而为心灵打开广阔的机会。要想让学习变得既个性又真实，了解每个学习者内心的故事是必不可少的。孩子的故事决定了他或她的学习发生的背景。

孩子不是填报教育成果的表格上的数据点，也不是干巴巴的考试分数。没有哪个孩子永远都是“标准的”。虽然数据和有意义的评估，可能是为学生提供更好的教学服务的工具和手段，但它们决不能定义学生。这样做不仅是非常短视的，也是对每个孩子内心独特的天赋和能力的亵渎。因为这样做并不能准确地代表每个学生内心的有意义的故事。

> 每个孩子的故事，决定了他们进行学习的背景和动机。

要做到真实性和个性化，我们必须以“为什么”为驱动力，把每个学习者作为一个独立的个体来看待，因为每一个学生都有独特的故事，而这些故事使他们成为自己，并决定了他们观察和理解世界的视角。

案例分享

为什么？让我来告诉你为什么。

为什么？为什么我们要从事教育这个职业？为什么我们决定永远不能停止学习？为什么我们永远不会停止对全新学年的紧张感（哪怕今年已经是我从教的第43个年头了）？为什么我们要选择这样一个有时候会被外行人恶意揣测的行业？为什么我们要在这样一个从业人数一年比一年少的行业中苦苦坚持？

为什么要这样做？我来告诉你为什么。在我们所选择的行业里，无论我们的角色是什么，无论问题是什么，我们的胜利都是伟大的。对我们的孩子或我们的老师来说，没有渺小的胜利。当我思考的时候——当你思考的时候——我们的“为什么”很可能是一样的。归根结底，只有一个“为什么”：师生关系。通过建立关系找到我们为什么从教，这可能需要时间，但当我们找到它时，事情就会发生变化。我们会发生改变，我们的“为什么”会成为我们的工作重点。当我们明白关系驱动的“为什么”时，我们就会找到自己的职业动机，我们的使命就会变得有意义，我们就能够永不疲倦地工作下去。

当“为什么”成为驱动力的时候，教育者就会明白，与学生以及与我们的同伴之间的关系，存在起起落落和不同的层次。通过探究我们为什么不断发展，我们了解到什么动机对我们的学生有效，以及这种动机如何帮助我们建立、培养和照顾真正的、有吸引力的关系。

作为教育者，发现“为什么”的一个最好原因是，我们可以与周围的人分享我们的“为什么”。当我们告诉一群学生，或者仅仅是一个学生，他们就是我们不懈努力的原因，这将带来多大的冲击力，具备多么强大的转变力量？他们是我们从事教学工作的原因，也是我们每天把最好的一面带进课堂的原因。这是能够推动积极转变发生的原因，我已经看到了它给学生带来的触动和切实的转变。当我们告诉孩子们，他们是我们的“为什么”，我们就向他们展示了他们对我们的影响。我们变得脆弱，我们变得真实，我们变得有血有肉，我们变得投入。关系就是驱动我们工作的原因，因此我们应该把握住每一个与学生建立**真实性和个性化**关系的机会。

与他人分享我们的“为什么”的另一个最重要的原因是，我们的故事帮助他人在他们自己的关系中成长，帮助他们找到自己的驱动力。我们提醒别人，我们需要不断努力建设好与教育同行和学生的关系。所有人都需要我们的提醒，需要我们的理由来反映我们的积极和努力。我们的“为什么”的原因——学生——是我们目前在公立学校最需要的催化剂。当我们的学生知道我们的“为什么”时，他们的反应和他们的参与会推动我们所有人的进步。

马特·米勒，

俄亥俄州拉科塔地方教育学区主管

不妨一试

• 请学生找一位历史名人进行研究，然后要求他们分享关于这个人的故事，他们钦佩这个人的原因，以及在他们看来，是什么促使这个人获得了成功。

• 请学生写下关于个人兴趣爱好的原因，或录制一段视频来分享背后的动机。

• 在制订教学计划时，要准备好回答“我们为什么要学这个”的问题，然后在课上花几分钟时间，让学生理解需要学习的内容与他们的切身联系。

尊重他人背后的故事

> 生活中其实没有秘密，它们之所以成为秘密，只不过是因为它们成了隐藏在表面之下的真相。
>
> ——迈克尔·C.霍尔

在一个寒冷的1月早晨，我从费城30街车站登上7:15的火车，前往位于华盛顿特区的办公室。像往常一样，上车后我找了一个座位，打开笔记本电脑，调大耳机的音量，并连接到互联网，这样我就可以在路途中抓紧时间完成一部分工作。

我像往常一样打开了推特，简单地扫了一眼推特上的评论和推送。在浏览的时候，我看到了富兰克林·柯维公司分享的一个名为《隐秘的故事》的视频。

在不到三分钟的时间里，我紧紧地盯着屏幕，观看着看似陌生的人的日常互动，他们的世界似乎完全独立，但同时又紧密相连。

如果不是视频中把每个人物的心里话以字幕的形式呈现出来，整个视频拍摄的，看起来就像是一个小镇上的居民之间的日常互动：去杂货店买东西，去药店买东西，等等。如果不是屏幕上同步显示这些人物的内心想法，这个视频看起来与很多人的日常生活没什么不同。如果没有在屏幕上看到别人袒露的心声，你可能就会想，这有什么大不了的，也不知道为什么值得花几分钟去看。

但这个视频的魔力在于，它可以让你看到每个人内心的一角，让你看到背后隐藏的故事：

- 她因为女儿生病而彻夜未眠。

- 他的妻子最近去世了，他从今往后就孤身一人了。
- 昨晚他向女友求婚，女友答应了！
- 她的工作时间减少了，收入的降低导致她开始为支付房租而发愁。
- 他治疗抑郁症的药用完了。
- 他刚刚得知他的肿瘤是良性的。

《隐秘的故事》视频的最后，有一句话令人惊叹。“如果你能看透别人的内心，感受他们的感受，了解他们的挣扎、希望、恐惧和喜悦……你会怎样对待他们？你的一天会有什么不同？还是依然不过是平凡的一天？”

驻足反思

花几分钟的时间反思一下，在你的生活中，你是否曾因为了解了某一情况背后的故事，而改变了对它的看法。

毫不惭愧地说，当我看完视频抬起头来深思时，我的眼泪都快要止不住了。彼时的我，就像往常一样，坐在一张桌子旁边，桌子两边各有两个座位。坐在我对面的是一个黑人，50岁左右，穿着很职业。他旁边是一位亚裔女士，40多岁，也是职业装束。坐在我旁边的是一个白人，看起来20多岁，穿着连帽衫、牛仔裤，戴着帽子。

这甚至是我第一次在坐火车的时候，留意坐在我身边的人。尽管我每次只在火车上待短短的20分钟，但这真的是我第一次花时间去观察去看清与我同桌的都是什么人。以往的我，戴上耳机打开电脑之后，就屏蔽了对周围环境的观察和关心。

我开始好奇他们每个人的故事是什么，他们来自哪里，他们为什么要去华盛顿，他们心里在想什么？从外表上看，我们都有明显的不同，但我敢肯定，在内心深处我们一定有很多的相似之处。

回想着刚才的情景，我开始思考和回忆自己曾经历的那些明明心情很沉重，却要努力假装没事的时刻，内心很悲痛但生活还要继续的时刻，还有那些感到发自内心的快乐和幸福的伟大日子，或是那些要强颜欢笑但内心在哭泣的日子。在那些时候，视频中一些隐秘的故事曾是我的。我曾想："如果他们知道我的这些时刻……如果我的同事们能理解我的内心的话……"

> **实践出真知**
>
> 当学生进入教室时，让他们立即对有关情绪和感觉的提示做出反应，并使用数字工具实时无缝地记录这些保密的信息。这将让你在开始上课之前，第一时间掌握和了解每个学生内心深处的想法和感受。
>
> ——肯·沙伦，
>
> 加利福尼亚州教育专家

……就像我和我妻子失去第一个孩子后的那几天一样。

……接着是我们失去第二个孩子后的日子。

……再到我们盼望已久的女儿出生后的日子。

……到随后发现她患有致命的食物过敏，并在第一次飞快地奔跑着把她送到医院打肾上腺素针的日子。

……到后来失去家庭至亲的日子。

……到我们的小儿子出生后的日子。

……到我爸爸因为病痛不得不切除一条腿的手术前后的日子。

如果他们知道，也许他们就会明白，为什么我看起来失魂落魄，完全不像我正常的样子。如果他们知道，也许他们就会明白，为什么在那些特殊的时刻，我人生的重点并不是教学工作。

我的隐秘故事，你的隐秘故事，我们学生的隐秘故事，如果我们能够在当时知道就好了。

驻足反思

你的内心有哪些隐秘的故事？这些个人经历对你作为一个教育者有什么影响？它们如何影响你看待世界的方式？

我们每个人的一生中都会有隐秘的故事，尽管多少的程度因人而异。这些故事，是那些和你在杂货店里偶遇的人、在城里开车经过你身旁的人，或你在每个工作场所偶遇的同事，都不会知道的东西。但它们会常常占据我们的思想，消耗我们的内心。

人类身上隐藏的故事，每天都在影响着我们每个人。**我们是选择看到周围人身上的隐秘故事，还是只看到自己的内心？**

当我们走过学校的大厅时，我们是否尝试了解他人？当别人走过身边时，我们看到的是面孔还是心灵？从学生身上，我们看到的是数据点和考试成绩，还是他们的故事和心灵？我们是先看到同事们的身份，还是先看到他们真实的故事和品性？

在日常的交往中，我们是否对身边人隐藏的故事感同身受？我们是否对那些我们永远不会知道的故事有同理心？我们对那些我们永远感受不到的心灵之痛有同情心吗？

作为一名教育工作者，教学工作本身就是世界上最具挑战性的工作之一。作为一名教育工作者，在自己的心灵默默地忍受伤害的同时，还要对他人表达爱，这是一种无比勇敢的行为。

教学工作是艰难的；

教学工作是有压力的；

教学工作需要情感的投入；

教学工作是令人精疲力竭的；

但我们的孩子值得所有的付出；

我们的同事值得我们的关爱；

我们所有人都值得他人给予的关爱和理解。

永远不要放弃向你身边的人展示你对他们的重视和关注。你可能就是他们一直期待的那个人。

真实性和个性化的学习尊重每个人内心隐藏的故事。当每位学习者都被视为独一无二，并得到尊重时，美就会发自内心地散发出来。

驻足反思

回想一下你是否认识身上隐藏着与众不同故事的学生？了解这个学生背后的故事在哪些方面帮助你最大限度地发挥了身为教师的影响力？

不妨一试

- 敢于展示自己的脆弱，分享个人真实的经历和故事。表现出同理心，这样你的学生也会敢于袒露真实的自己。
- 小学：在学期开始时，开展“是什么让我与众不同”的故事讲述和记录项目，请孩子们使用数字工具来记录他们的个人故事，并在此基础上在整个学年过程中，定期开展类似的项目。
- 中学：在学期开始时，开展“致我的新老师”的信件或视频制作项目，让学生分享他们的故事，告诉其他人自己与众不同的原因。以此为基础，在整个学年持续的过程中，定期开展类似的分享项目。

实践出真知

随着教学时间的压缩，我们被要求在有限的教学时段内塞进更多的内容和设计，但自始至终有一个环节，无论时间多么紧张，我都不会放弃它，那就是：每天早上第一节课开始前进入教室的仪式。每一天早上，每个孩子都会把他们的文件夹递给我，作为每天开始的报到仪式。我喜欢借这个机会，跟每一个孩子打招呼并进行简单的一对一聊天，这是我最喜欢的开启全新一天的方式，因为你永远无法想象在这么短的时间内能够了解多少信息！当然，我也可以选择更轻松、更偷懒的方法，让孩子们自己把文件夹放到一起，等我有空的时候再查看。可是，选择自己亲手接过每个孩子的文件夹，虽然看似浪费时间，却让我在每一天的教学工作开始之前，就已经能够通过简短的交谈与孩子们建立真实性和个性化的联系。

——梅根·托马斯，

宾夕法尼亚州杰出教师

每一位学生都是独一无二的

勇气给我们以声音，同情给我们以耳朵。没有二者，我们将无法产生共鸣和联系。

——布鲁尼·布朗

改变我对世界看法最彻底的事件，莫过于我从丈夫转变为父亲。相信所有的父母都能够体会我当时的感受，当你第一次看到自己孩子的眼睛时，你的人生就发生了彻底的转变。作为一名父亲，我学习了很多关于教育的知识，最重要的是，父亲这个身份帮助我真正理解了同理心的意义。我终于明白，为什么孩子们的家长在家长会上看起来更关心孩子是否幸福，而不是考试的成绩好不好；我也终于明白，为什么一个父亲会觉得有必要在家长会上分享关于自己儿子的人生故事。

真实性和个性化的学习，并不是要求孩子们在学校的大部分时间都待在电脑的前面，而是要将孩子们当成整个教学体验的核心，但同时要承认和重视学生们作为独立个体的身份和需求。真实性和个性化的学习，只有在我们了解了每个学习者的内心，并推动他们分享个人独特的故事时，才有可能发生，并取得最佳的效果。

对我来说，了解每个学习者内心故事的重要性，不仅仅因为我是一名教育工作者，还因为我自己也是一名父亲。我的小女儿佩斯莉出生时就对食物过敏——确切地说，是对树坚果和芝麻过敏。我们每顿饭都需要考虑所准备的食物来自哪里，是否可能被交叉污染，以及是否可能涉及的任何健康或过敏风险。这已经成为我们家的生活方式之一，甚至我们的大家庭也都已经习惯于此。

佩斯莉十个月大的时候，不小心吃了鹰嘴豆泥。这是一种通常用塔希尼——一种芝麻糊制成的食物。几分钟后，她就因为全身肿胀，变得几乎无法辨认，我们发现后赶紧把她送去看急诊，在她送入急诊室后，我们都在向上帝祈祷我们的宝贝女儿会没事。经过急诊室的抢救和护士注射肾上腺素后，她小小的身躯开始稳定下来。我这辈子从来没有这么害怕过。就在那一天，我们才意识到女儿存在一些特殊的需求，某些食物会引起她的过敏性休克。这次意外事件也让我们意识到生命的可贵性和脆弱性，一个疏忽，我们所爱的人就可能瞬间从我们的生命中消失。

那个夜晚的担忧、焦虑和挣扎，至今仍历历在目，仿佛就发生在昨日。我整晚都在她的婴儿床旁边的地板上度过，小心翼翼地倾听和确认她的每一次呼吸。那晚我一宿没睡，还记得自己唯一的想法就是紧紧抱住她，不放手。我当时就意识到，身为父母的我们，有时候会遭遇此类困难和心痛的时刻。我不希望我的小女儿需要承受这样的人生挣扎，如果可能，我希望保护她免受任何病痛的折磨。

实践出真知

我们的故事，实际上就是人生经历、事件和生活留下的印记。小孩子们（甚至包括成年人），通常都认为自己没有值得分享的故事，因为他们认为，只有那些能够上电视播报的重要时刻才能称为值得分享的故事。然而，我们最重要的故事——那些让我们独一无二的故事，往往是那些微小的、难以察觉的人生印记。当我们能够将这些点连接起来，我们就找到了自己的独特故事，当我们能够分享自己的故事，我们就能够找到志同道合的群体。

——布雷雅安那·霍格思，
得克萨斯州教育专家

四年之后，有一次在家庭外出聚餐时，佩斯莉咬了一口含有芝麻的饼干。对于大多数人来说，这不过是一个微不足道的举动，他们或许完全不会注意到这件事。但对于佩斯莉这样存在食物过敏的人群来说，这小小的一口芝麻，就可能会导致他们停止呼吸。幸运的是，我家年仅5岁的小天使，立刻意识到自己的喉咙发痒，她立刻停止继续吃那块饼干，并迅速地告知了身边的人。得益于身边人迅速的反应，加上摄取量较小，事情最后还算顺利——佩斯莉不需要送诊，也没有发生任何创伤性的后果，这一次的危机成功地被避免了。作为父母，这样的意外时刻真的总是会吓得我们几乎心脏停跳，但同时也会让我们在未来的日子里，更加珍惜与孩子的相处时光——学会欣赏生活中每一个微小的互动和相处的时刻。前几天我在新闻里看到一个人因过敏反应而去世，这让我更加不断地提醒自己，每一天都是上天恩赐的礼物，也让我更加意识到生命的可贵。

在无数次的拥抱和不停的依偎之后，我们开始讨论这次意外情况的发生。我告诉佩斯莉，我是多么为她骄傲，她所做的一切不仅正确，而且及时地挽救了自己的生命，但我还是能从她的眼睛里看到悲伤。过了一会儿，5岁的佩斯莉握着我的手，抬头看着我说："我只想做个正常人，爸爸。"像所有的父母那样，我的心很痛，眼泪流了下来，我只能紧紧地抱着我的小女儿。过了一会儿，她又说希望我不用为她担心，这说明她的成熟和心智远远超出了她的年龄。毫不谦虚地说，我为自己女儿那颗小小的心灵里充满的勇气，而感到无比骄傲和自豪。

为了借着这个机会给女儿灌输一点关于人生的教育，我们敞开心扉进行了一次交谈，我试图引导她学会欣赏我们所拥有的一切，并找到帮助那些比她更加困难和挣扎的人的方法。我尽可能使用一个5岁孩子可以理解的语言，来告诉她实际上每个人在生活中都面临着各种各样的困难和挣扎。她面临的问题或许是食物过敏，但别人可能面临更困难的问题。我试图让她意识到，要学会欣赏生活中所有正常事情的重要性，毕竟有那么多人甚至无法享受我们目前拥有的生活。然后我告诉她，她有着异于常人的聪明大脑和灿烂微笑，以及我们有多么爱她。我让她相信，是她灿烂的笑容让我每一天都充满了继续生活的勇气。尽管向年幼的孩子传递这些复杂的信息很困难，但我最终还是让她体会和理解到我想要传递的信息。

人们常说“黑夜漫长，光阴短暂”，当谈到为人父母时，我和妻子发现这句话无比准确。在接下来的几年里，我们经历了人生中不可思议的高潮和低谷。今天，我们拥有两个了不起的孩子，每个孩子都有独特的天赋和能力，每个孩子都有自己的个性需求。作为兄妹，卡登和佩斯莉尽管个性完全不同，但他们都是光芒闪耀的，都以他们自己的方式散发着独特的美丽。

实践出真知

身为教师，我们需要确保能够看到每个孩子身上的独特性。因为每个学生都有着独特的个人故事，而我们可能仅仅看到他们身上的某一面。与孩子们交流固然重要，但更重要的是要学会聆听他们的故事。我们必须要真诚地体现自己的关注和重视，只有这样，孩子们才能够知道我们的确值得信赖。

——埃尔金·卡特，
俄亥俄州高中校长

几十年来，教育界一直在探讨如何施行“因材施教”。无数次的讨论使用了类似“差异化教学”或“按照不同水平量身定制”等表述，本质上来看，它们体现了教育者已经认识到学生身上存在的差异性。因此，认识到孩子们存在截然不同的学习需求，并不是一个新概念，而是每一个伟大的教育家都理解并一直在坚持的事情。

然而，意识到必须让学习的体验变得真实性和个性化，远比认识到学习者的差异性更重要。当我们真正地理解了学习者——理解了他们背后的故事，真实性和个性化的学习才有可能实现。

看着我现在9岁的女儿如此勇敢地面对生活，让我对年幼孩子们身上的毅力和韧性有了新的理解。看着佩斯莉克服自己的恐惧，挑战了我对孩子们能力的看法，也颠覆了我对孩子们在得到必要支持的情况下，可以战胜困难的看法。它从根本上改变了我对真实性和个性化的真正含义的理解。

就在佩斯莉上一年级的时候，我的妻子在一个食物过敏互助小组中，看到了“口服免疫疗法”（OIT），这是一种创新的疗法，可以使食物过敏者对过敏原脱敏。经历过无数次因为一点点芝麻的成分摄入而住院的经历之后，我们愿意尝试任何事情，来帮助我们的小女孩，并保证她的健康。

佩斯莉需要花45天的时间，在医生的诊所接受脱敏治疗。对于她的朋友们来说，每一天的休息，都意味着玩耍和放松的时间，但对于佩斯莉来说，这些不上学的日子，则意味着四个小时车程和在纽约市外的医生诊所待上一整天的时间。

在这段时间里，佩斯莉在汽车里度过了180个小时，行驶了一万多英里的路程，来回奔波在家和诊所之间，此外她还缺席了35天的学业。

如果学校里的人只知道统计或者分析一些数据，那么在看到她一年半来缺课达35天的时候，或许会自然而然地做出一些先入为主的判断，例如：

父母不关心孩子的学习。

家庭不重视孩子的学业。

学生或家长不负责任。

然而我猜你并不会做出这样的判断，因为你了解她的一部分故事。你知道她每天的挣扎，才能避免根据数据做出一些片面的结论。

然而，大多数时候，人们倾向于迅速地下定论。**做出片面判断和拥有同理心之间的区别，在于是否了解了背后的故事。**数据背后的故事很重要——无论在任何情况下，都是如此。

佩斯莉的经历不仅成为她人生故事的一部分，还成为她身份的一部分。她的经历，决定了她没有办法像其他小朋友那样每天准时去学校报到。

驻足反思

你是否遇到过身患重病的学生？你如何确保此类学生的学习需求得到考虑和满足？在这个过程中，你对自己有了什么新的认识？

短短18个月的治疗之后，原本吃一点点芝麻就要住院的佩斯莉，现在每天要吃相当于两千粒芝麻的食品，而且这成为她每天的合理“剂量”。原先可能夺走她生命的东西，现在反过来能够保障她的健康和生命安全。

作为一名父亲，我承认分享这样私人的故事非常感性和情绪化。但我相信任何父母都能够理解，当你的孩子疾病缠身，尤其是遭遇了一些身为父母无法控制的特殊需求时，你们同样会选择不惜一切代价来减轻她的痛苦，相信天下所有的父母都能够体会这种心痛。在佩斯莉接受治疗的过程中，除了来自家人和朋友不遗余力的支持外，我们还有幸获得了来自老师托马斯女士和莫耶先生坚定不移的支持，所有这些支持，帮助她渡过了人生的难关。

在她接受治疗的一年半时间里，佩斯莉的二、三年级老师们明白了，生活的意义不仅仅是考试成绩、家庭作业和成绩单上的等级。感谢你们，托马斯女士和莫耶先生，感谢你们看到了佩斯莉的真实需求以及她正在成长的样子，而不是将她视为一个经常旷课或不想上课的孩子。谢谢你们把她看成是一个绝对热爱学校、努力学习的女孩，哪怕在八九岁的时候，她人生的重点是很多与学业无关的事情。谢谢你们不辞辛苦地确保对她的关注和呵护，不管是在午餐室吃饭、在室外郊游，还是在课堂上的聚会，都能够考虑到她的感受和特殊需求。谢谢你们看到，就像她的每个同学一样，她也拥有着独一无二的美丽。感谢你们尝试去了解她背后隐藏的故事。

作为佩斯莉的父亲，我将永远敬畏她在每次看病时表现出的勇气，哪怕她也很害怕每次剂量的调整会让她再次入院。我永远不会忘记这漫长的566天里，她每天晚上需要鼓起勇气吃下之前可能夺走她生命的东西。虽然佩斯莉的故事对她来说可能是独一无二的，但每天走进我们教室大门的每一个孩子和每一个成年人，都同样拥有造就了他们自身独特性的故事。它们可能是关于：

虐待的故事；

勇气的故事；

种族主义的故事；

爱的故事；

被忽视的故事；

希望的故事。

我们或许了解每天走进教室的部分孩子背后的故事，但或许更多的故事是隐秘的，我们尚未了解的。**将我们的经历编织在一起，就创造了我们共同的故事，使我们成为共同但独特的群体，并决定了我们每个人学习的背景。**

我们每个人的故事都是个性化的，我们每个人的故事都是真实的，我们每个人的故事都很重要。

作为教育工作者，在与我们的学生，以及每天和我们一起工作的人接触时，我们需要对他们内心隐藏的故事保持同理心。认识到每个人内心的独特之美和他们学习的背景，才能使真实性和个性化的学习成为可能。

驻足反思

你对你的学生有多了解？你对你的同事有多了解？你对他们背后的故事有多了解？这些故事如何影响你的工作方式？

不妨一试

• 开学初，请家庭成员完成一份关于孩子的调查问卷，让他们有机会分享关于这个孩子的“独特美丽”的相关故事。

• 让家庭成员完成一封“介绍（学生姓名）”的信，在信中分享该生的勇气和独特之处。

• 在便签卡上，让学生每月至少回答一次“我想让老师知道……”的问题。

• 让学习者以他们喜欢的方式分享他们的故事。尊重学生们在文化背景、宗教信仰、才艺方面的差异，以及任何让他们为自己的独特而感到自豪的东西！

• 让学生以自己喜欢的方式分享自己的故事。

延展阅读

《如何在课堂上提问：好问题胜过好答案》

本书从理论基础、教学策略、课堂活动、示例问题等多个方面对“提问”进行了讲解与阐释，为一线教师的教学提供了新思路，为打造趣味课堂、培养学生的批判性思维提供了新方法。作者论证了问题的五个总体特征，总结了15个可以帮助教师提问的策略与技巧，教师可以根据自己教授的课程和内容从中选择合适的问题。

第4章 为什么要创造真实性的学习体验

只有做梦的人自己才能设想和执行自己的梦想，没有人可以替他们完成。

——肯·波洛

老话说，积习难改，我们的很多行为和想法已经如此根深蒂固，以至于成为我们下意识的习惯。你是否曾在上班的路上感叹：自己到底是怎么变成今日的样子的？我为什么完全无法想起自己一个上午到底都做了些什么？我为什么在1月开始了日常锻炼和节食，却在几周之后又回到了没有下定改变决心之前的咸鱼状态？

习惯已经成为我们的行为和思维的模式。有些习惯是好的，对身心有益，有些习惯则会阻碍我们的发展。如果我们的习惯比我们的目标更加坚定且难以改变，那么我们想要实现的理想、想获得的影响力都将大打折扣。

从过往教学中汲取经验

> “过去是吸取经验教训的地方，而未来则是检验所学所知的良机。”

已故的金克拉是一位著作颇丰的励志演讲家，他经常在演讲中通过分享个人的故事来唤起听众对个人习惯的反思。教育行业与许多其他行业一样，“这是惯例”的思维方式会让我们停留在过去，止步不前，并被以往的经验束缚和蒙蔽。

金克拉曾分享过这样一个故事：他在一次销售比赛中赢得了一只珍贵的土制火腿。当时他刚刚结婚，他非常兴奋地把奖品带回家给自己的新婚妻子简恩。他下午下班回到家后，非常兴奋地叫来妻子看自己带回来什么好东西。

简恩为丈夫在销售比赛中获奖感到非常自豪，当即决定当晚用火腿做顿大餐以示庆祝。没过几分钟，金克拉就闻到了烤箱里传来的火腿香味。他走进厨房，打开烤箱门欣赏自己的奖品。

“你为什么要把这个珍贵的火腿的尾部切掉？”金克拉打开烤箱门后吃惊地叫道。

“嗯，因为火腿就要这样烤啊。”简恩回答说，“我妈妈就是这样烤火腿的。”

“你妈妈为什么要这样做？”金克拉问道。

“我也不清楚，”简恩回答说，“我们给妈妈打电话问问她吧。”

金克拉和简恩就给妈妈打了电话，好奇她为什么总是这样做。

“嗯，我妈妈总是这样做的！”简恩的妈妈说。

金克拉和简恩知道他们必须弄清这场火腿争议的真相，于是挂了电话，马上给她的外婆打电话。

“外婆，”简恩开始问道，“为什么你总是把火腿的末端切掉？金克拉说我不应该这样做。妈妈说她切火腿末端，是因为你总是切掉火腿末端。而我这么做，是因为妈妈一直都是这么做的。没人知道我们为什么这么做。那你为什么要把火腿的末端切掉？”

“嗯，”外婆说，“我不知道你们俩为什么要这样做，但我这么做是因为我的锅太短了，不把火腿末端切掉根本放不下去！”

“我们一直都是这样做的！”这是教育中最危险的一类表述。事实上，它们是任何行业中最危险的词语。

驻足反思

你有哪些积极的生活习惯？你想改变的一个习惯是什么？在你的课堂或学校里，你又想改变什么呢？

转变我们的思维方式，为学生创造新的真实性和个性化的学习体验，并不意味着我们将无视从过去汲取的痛苦经验教训。哪怕是数百年前的教育，也曾发生过值得铭记的事情，这一点毋庸置疑。在第一台计算机问世之前，教室里也曾发生过真实性和个性化的学习体验。但我们有必要认识到，我们常常被自己的惯例和传统所迷惑，而忽略了当初为什么要使用它们。

想要改变，必须先克服阻挠改变发生的诸多困难。无论是开始新的饮食习惯以改变健康状况，还是收起手机来陪伴家人，或是改变我们的教学方式，打破我们根深蒂固的行动枷锁，所有这一切并非易事，但绝非不可能。

用罗伯特·弗罗斯特的话说：“世上的人，各有各的意愿——有些人愿意工作，其余的人则愿意让这些人工作。”如果我们把弗罗斯特的思想扩展开来，使之适用于我们这个世界的教育，我们可以说：“学校里充满了有着不同意愿的教育者——那些愿意创造未来的人，以及选择袖手旁观他人改变世界的人。”

驻足反思

你是哪种类型的教育工作者呢？

我们很容易沉迷过往的经历，而忘了去追逐未来的目标。就像刚开始学车的新手那样，我们如果太过专注于后视镜中看到的东西，就永远无法加速前行。如果我们只会这样做，那么就容易让过去蒙蔽前行的视野。但同时我们也需要承认，最优秀的司机，在前行的过程中一定会无数次地使用后视镜

和侧视镜，作为指导前进方向的工具。

在我们的学校和教室里也是如此。前进并不意味着要完全地甩掉或无视过去的经验，或把它看成不重要的东西，而是要学会在需要的时候使用它。我们必须尊重和欣赏过去，因为它汇集了无数前辈的智慧和结晶。今日的创新必然源于过去的伟大思想，然而，我们必须控制住自己的怀旧情绪，学习不断更新突破的科学和技术，并充分利用不断发展的动态工具和资源的支持。所有相关内容我们将在本书后面章节中探讨，因为它们将使得曾经在课堂上无法想象的事情成为可能——在这样一个现代化的社会，我们可以在教育领域取得令人惊叹的创新和进步。

实践出真知

如果你想要真正地了解并帮助自己的学生和学校提升教育的质量，那你可以怀抱着最大的同理心，将自己当成学生，与他们一起从早到晚体验一天的学习过程，然后你就会明白什么才是最需要的！

——尼尔·古帕塔，

教育博士，俄亥俄州教学区域主管

我为何能够如此确定？因为令人惊叹的变革已经在发生。每天，在每所学校里，惊人的真实性和个性化的学习体验都在发生。所以，是时候让这些类型的学习体验成为常态，而不是罕见的奇迹了。

不妨一试

- 问问你尊敬的同事，是否可以在教学时间去观摩课堂教学。通过教学观摩，反思自己已经做得很好的做法，并尝试找出同事身上值得你学习的一两个技巧，同时询问他们这些技巧是从哪里学来的。

- 对资历最深的同事进行一次非正式采访。请他们反思一下，在过去一段时间里，他们看到过哪些教学变化，以及有哪些教学方法和技巧在几十年后仍然适用，并且这些内容目前的重要性不亚于他们刚开始工作时。
- 要求学生反思他们在本学年之前获得过的最佳学习体验。反思这些学生的经历有什么共同点，以及你可以从他们最喜欢的学习体验的类型中学习和实施什么。

树立清晰明确的愿景

> 所谓愿景，就是看到其他人所看不到的长远未来。
>
> ——乔纳森·斯威夫特

不管是从学校董事会层面对学区的未来做出许多决定，还是从学校层面对一年的教学计划进行规划，抑或是从与教学直接相关的课堂层面对课程进行安排，今天的学校普遍存在的一个最显著需求，就是对未来发展道路的清晰愿景。缺乏愿景，往往是造成一个人原地停滞不前，或者是员工大规模迷茫状态的原因。能够看到终点线，就会使前进和努力变得有理有据，就会使最终的目标可以实现。

有人说，在跑马拉松时，很少有人会在第一英里时放弃。除非存在严重的伤病，几乎所有报名参加马拉松的人，都知道自己能征服比赛的第一英里，因为这是他们一直坚持做的事情，第一英里看起来就像是简单的热身。此外，比赛刚开始时，选手的持久力很强，能量水平很高，信心水平也很强。大多数人可能会认为，在比赛过程中，随着比赛里程的增加，停跑和放弃比赛的人数也随之增加，并导致跑到最后一英里时放弃的人数最多。为什么呢？大多数人可能会认为这是因为每增加一英里，消耗的能量就越多，肌肉就会越紧绷，受伤的风险就会越高，精神上也会越疲惫。

但令人惊讶的是，事实并非如此。据统计，在最后一英里退出比赛的人数，其实不是最多的，仅为第二多。为什么数据显示反而偏离了预期结果呢？

因为当选手跑到最后一英里时，他们实际上已经可以看到或想象得到终点线。虽然这段旅程是痛苦的，但完成的愿景即将实现。虽然身体说："想要停下来！"但心灵却说："继续跑，终点线就在前方！我就快到了！"在2015年奥斯汀（得克萨斯州）马拉松比赛期间发生的一个故事，充分论证了愿景的力量和重要性。

肯尼亚职业马拉松选手海温·尼格迪兹在比赛的大部分时间里，都处于领先地位。在最后一英里的时候，她开始出现危险的低血糖，导致她进入终点前最后路段的时候，失去平衡，摔倒在地。眼看着终点线就在眼前，周围的人都在为她加油，尼格迪兹也未停止前进。她全力以赴，爬行到了终点，完成了比赛。在看到终点目标的情况下，尼格迪兹拖着自己的身体完成了三个多小时前开始的事情。

如果没有对目标可以实现的憧憬，尼格迪兹可能就不会有勇气坚持下去，完成比赛。正是由于她对实现目标的憧憬，才使她克服一切障碍成为可能。

与尼格迪兹的英勇表现形成鲜明对比的是，大多数在终点线前走掉并退出马拉松的选手都是在20英里左右放弃的。在这个时候，身体的能量几乎耗尽，跑者已经全力以赴，身体和精神的双重压力和痛苦似乎无法克服，而终点目标看起来仍遥遥无期。如果没有实现自己长期训练的愿景，身体的苦痛就会压倒心灵的韧性，并导致选手中途退赛。

驻足反思

你是否经历过类似的马拉松案例？你为之努力和奋斗的目标是什么？你对自己要达到的目标有明确的愿景吗？

> 论及人生目标的实现，大多数人都半途而废了。只有少数的人，成功地抵达了预期的彼岸。
>
> ——安迪·斯坦利

现在，你们中的一些人或许感觉自己的最终目标遥遥无期，可能感觉到自己日复一日在原地踏步，甚至会觉得已经抵达了耗尽一切、无法再继续坚持的第20英里处。在这个时候，你一无所有、筋疲力尽，或许只能匍匐前进，只为了生存下去。如果你没有对自己奔向的愿景有所了解，那么放弃看起来更具诱惑力。

要改变自己以及自己的习惯和行为是很难的。只有当看到并理解了前进的道路，改变才会变成可能。对理想结果的憧憬，成为前进的灯塔，为实现最终目标提供了指引。

每一项发明都始于对当前尚不存在的事物的憧憬。

每一集超级碗的激烈比拼，都源于高举隆巴迪奖杯的憧憬。

每一所学校的转型都始于对未来的憧憬——作为前进目标的“北极星”。

在古代，当大篷车在未知的地域巡回时，路线是通过定位北极星来规划的。为什么这颗特殊的星星有如此重要的意义？

在一片混沌的天空中，充满了成千上万颗可能被用作天然指南针的恒星。北极星之所以特殊，是因为它相对于旋转的星域，似乎从不移动。在广袤无垠的天空之上，北极星确定了天空的北极，因为它是整个天空围绕转动的中心。当世界在一圈一圈地转动时，北极星依然稳定不变。

每一位教育工作者，都有一种与生俱来的愿望，那就是做一些令人惊奇的事情，为伟大的事业做出贡献。学校里的每一位员工——无论是校长、教师还是辅助人员——都渴望创造出能让学生茁壮成长的学习体验。愿望是存在的，但很多时候却缺少了如何实现愿望的愿景和规划。

只有当存在一个清晰可被理解的教学愿景时，在学校创造真实性和个性化的学习体验才会成为可能。这是因为，教师和管理者不会去完成他们不知道的事情，学生不可能成为他们无法理解、无法感知的人。

那么，你有什么愿景来创造以学习者为中心的体验，并确保这些体验是个性化的、真实的？在你的课堂或学校里，是否已经存在这样的体验？这些体验是什么样的？哪些特点使它们与学习者相关？

此外，当我们朝着目标进发时，重要的是要记住，通往成功的道路并不总是笔直的。一路上会有曲折，甚至坑坑洼洼。要记住，尽管诺亚方舟是由新手们建造，但他们之所以成功，是因为建造者对需要完成的工作有最终的愿景、激情和目标。

为学习者创造真实性和个性化的学习体验，一定要成为教学愿景的一部分，成为教学改革的北极星。**有了清晰明确的愿景，知道你要为学生创造什么，你的激情才会激发你的能力，并使最终目的得以贯彻和维持。**

案例分享

以学习者为先、支持成长的心态和创造学习文化，是蒙图尔学区坚定不移的核心价值观。蒙图尔学区使用这三个核心价值观来调整教学的重点事项，以确保能够提供一个以学习者为中心、面向未来的学习文化。

校区内各级决策，从宏观到微观，都与蒙图尔学区的核心价值观保持一致。核心价值观是一种真实的资源，是开发课程、创造学习机会、评估资源和合作伙伴关系的总体框架。此外，蒙图尔学区的核心价值观还确保其教育的系统性方法能够发出统一的声音，以强化学生和团队成员的个人才能。

蒙图尔学区的核心价值观的一个例子，是创建了一个强大的和联系紧密的STEM项目的愿景和方法。我们鼓励学生充满好奇心，并要求教师们学习促进自我变革的技能和策略。STEM项目通过创造有意义的学习体验，来支持学生的兴趣，例如由乐高教育解决方案和《我的世界》实验室提供支持的全球首个砖块制造空间。此外，通过蒙图尔学区团队成员和合作伙伴开发和实施的一系列课程，创建了一个人工智能（AI）项目。该计划的目标，是在孩子们生活的世界里，为学生们做一个全方位的人工智能课程，为他们的未来发展做好准备。

总的来说，蒙图尔学区核心价值观的优势不在于具体的规定，而在于制定了核心价值观的人群——蒙图尔群体。蒙图尔学区相信，创新的起点和终点都要落实到个人。蒙图尔学区为所有利益相关者提供的服务质量得益于核心价值观的真实性，而这个核心价值观是由鲜活的教育者为有着真实学习需求的学习者量身打造和实施的。虽然蒙图尔学区的教育者无法预测未来，但蒙图尔学区仍在持续努力地改进，相信蒙图尔学区的核心价值观将有助于帮助教育者们规划和设计想要的未来，并优化学习者的学习体验。

贾斯丁·阿格里奥，

教育学博士，宾夕法尼亚州蒙图尔学区学术成就和创新主任

不妨一试

- 将一张大纸，竖着折成三份。在左边部分，列出5~10个你希望学生们在一年后掌握的技能或特点。在中间部分，列出3~4种可以帮助培养这些技能的方法。在右边部分，列出2~3种方法，将每一项技能的进一步培养落实到具体的课程领域。

- 小学：要求学生围绕“在未来我想解决的一个问题……”这一主题，设计并创建一个兴趣项目。

- 中学：让学生以“五年后我想成为的人……”为主题，撰写或制作视频。

- 与学生一起努力，帮助他们制定成功的途径，帮助他们为毕业后的目标做准备，但在这一过程中要确保学生拥有充分的自主性和灵活性。

制定以学习者为中心的教学框架

> 你不能逼迫学生去学习，但你可以通过创造条件，启发学生并赋予他们自主学习的能力。
>
> ——凯蒂·马丁

花点时间回想一下你的高中经历。哪些课程是你最喜欢的？哪些学习体验是你最喜欢的？在哪些经历中，你学到的东西最多？在你的学习体验中，你第一个想到的老师是谁？为什么会首先想到这个人？

“以学习者为中心”的概念并不新鲜。从学校尝试将大课拆分为小课开始，最好的老师就意识到学习者是具有独特兴趣、激情和天赋的个体。从第一批学校出现开始，最优秀的教师就认识到，在培养学生的智力时，需要将心智的关怀和呵护纳入其中。从教学的第一天开始，最好的教师就知道，学习者的发展和成长才是教育的终极目标。毋庸置疑，教育是一个人对自己和他人的最大投资。获得教育的机会，是每一个民主国家的基础。一个受过教育的社会能够促进发展和进步，解决世界的问题。虽然教育的价值早已为人所知，但过去对学习的科学和学习实际发生的过程的理解是有限的。

如果我们以学习者为中心，就意味着我们作为教育者必须随着世界的发展而发展。随着人工智能和预测分析等领域技术的进步，以及学习的科学领域的研究，我们的教学实践、工具和环境都会发生变化，但我们的目标仍然是关注学习者以及如何支持他们充分发挥潜能。幸运的是，近年来，这些“学习的科学”领域的突破性进展不断升级，并更关注校内和校外学习的动机、内容和方式。

要想以学习者为中心，我们必须了解学习者到底需要如何学习才能取得最佳的效果。我们越是了解人们如何学习，就越能理解如何创造更多的真实性和个性化的体验。

研究者和教育者都知道，个人的学习是文化、社会和环境建构的功能。然而，多年来，神经科学家和教育工作者的工作是完全割裂的。幸运的是，那些研究大脑如何工作和那些每天与儿童打交道的人最近开始尝试合作，他们共同为学校如何最好地创造以学习者为中心的真实性和个性化学习体验提供了有益的见解。今天，像约翰斯·霍普金斯大学这样的地方，以及像卓越教育联盟（the Alliance for Excellent Education）和数字承诺（Digital Promise）这样的组织，正在致力于共同结合这两个领域的研究成果，以改善学生的学习体验。

神经科学的研究表明，学习主要发生在三个阶段：

1. **编码**：将经验转化为长期记忆；

2. **储存**：储存一段时间的经验和信息；

3. **检索**：按需获取经验和信息。

所有教育家或研究者都知道，学习是一个复杂的过程，充满了许多变量。从孩子们学习的空间到他们的情绪情感健康，学习远比我们目前掌握的信息要深刻得多。那么，关于如何最好地以学习者为中心，目前我们掌握了什么信息？我们可以从神经科学的进步中了解到什么，以帮助我们为学习者提供更多真实性和个性化的学习体验？

实践出真知

要学会理解和尊重学习者的独特性和差异性。请学习者们提供关于个人的信息，包括优劣势、兴趣爱好、激情所在、面临的问题和挑战等（这个要求同样适用于教育者和学生）！

教师们可以通过提出下列问题来引导学习者的反思：1. 你在什么情况下能够实现最佳的学习效果？2. 你对学习什么内容最感兴趣？3. 你现在面临什么样的问题？4. 你有什么学习优势？5. 你对解决什么问题最感兴趣？6. 你还有什么重要的信息需要提供？

——凯蒂·马丁，
加利福尼亚州教育专家，
《以学习者为中心的教育创新》作者

数字承诺是一个非营利性的教育组织，它和应用神经科学研究所（appliedneuro.org）综合了学习的科学的相关研究结果，制定了关于人们如何学习的“10条关键原则”，以及关于这些理解如何与教育实践相结合的实用建议。

如何学习的10条关键原则

1. 学习是一个包含努力、错误、反思、策略完善的过程。

2. 深入思考要学习的材料，能够帮助学生保持关注、建立记忆，并使学习的内容具有意义。

3. 设立高期望，保持学习者的优势，有助于学生发挥潜能。

4. 复习性练习可以强化记忆，帮助学生灵活运用所学知识。

5. 采用定期复习型教学设计，将不同的内容交织在一起能加强学习效果。

6. 当学生兴趣高涨、主动性强，并了解学习内容的目的时，他们的学习积极性会更高。

7. 当学生感到安全以及和外界有联系时，他们的学习效果会很好。

8. 协作和社会互动可以成为强大的学习体验，因为它们鼓励大脑更深层次的信息处理，并让“社会大脑”参与到学习过程中。

9. 学生的身体健康，包括营养、睡眠和运动都会影响学习的效果。

10. 整个环境，从空间、温度到照明，都会影响学习的效果。

你或许会发现，这10条关键原则与本书的内容存在很大的重合，这是为什么呢？因为当我们需要着手改变教学范例和教学方法时，我们必须要基于科学研究的证据来进行决策。

驻足反思

10条原则中，哪个原则最能引起你的共鸣？为什么？哪些原则与你目前在本书中读到的内容相关？你在工作中可以多关注哪一条原则？

我们的学生既不是宠物仓鼠，也不是试验室里的小白鼠。他们是充满兴趣、激情、天赋和潜力的学习者。他们需要也应该得到的教学经验，必须以有效的实践和我们对大脑功能的了解为基础。我们必须把听起来很美好的东西和实际有效的东西区分开。

在以学习者为中心的模式下，才能创造出个性化的真实体验。这种思维的转变，就像一个人得到了一副全新的眼镜，它将使我们从新的关注点、新的设想角度看待教育，并以新的方式处理和实施学习体验。这种转变将学习者置于所有决策的核心，并围绕个体的学习者建立必要的支持系统。

在这样的模式中，每个人都被视为学习者，而不仅仅是以往被认为具备更多的服从和更少的自主性的学生群体。这意味着师生需要共同成长。在以学习者为中心的范式中，学习者作为个体受到尊重，他们是学习的积极参与者，并随着时间的推移发展自主权，从而获得对学习过程的所有权。在以学习者为中心的模式中，真实性和个性化的学习会蓬勃发展，而这一切都要从第一印象开始。

驻足反思

你的课堂或学校是以学习者为中心还是以教师为中心？你如何继续采取措施，在未来逐渐放弃对老师和学生的控制，通过充分放权来完善对学习者的关注？

不妨一试

- 每周从“10条关键原则”中选择一条实施，坚持十周。想办法与学生和同事讨论他们对于当前基于大脑的教学原则有哪些看法，以及存在哪些可以改进的方法。
- 充分利用学生的兴趣清单，了解他们喜欢、不喜欢和充满激情的领域。
- 询问五名学生，让他们反馈你可以做些什么来使学习空间更加以学习者为中心。并至少实施他们提出的两个想法。
- 找出最近以教师为领导的几次学习经验。分析在整个过程中，学生有哪些选择和自主权。

- 确保学生在学习过程中设定目标。充分给予他们设定预期目标的权力，跟踪他们的成长，获得所需的资源和信息，并学会欣赏和肯定他们的成功。

实践出真知

充分利用互联网媒体来建立与学生家庭的联系。在新学期开学前一天晚上，使用社交软件的实时视频功能，为新学生们读一个睡前故事，能够帮助老师将学生的脸和名字对应起来。而对于老生来说，这个方法也能够帮助他们回忆起每天早上会面带笑容欢迎他们到来的老师。对于家长来说，这个操作能够提醒他们，要更加关注自己人生中最珍贵的财富（孩子），要怀抱着激动和兴奋之情期待孩子们在新一年的精彩表现、伟大进步和绚烂发展。

——塔拉·德斯德里约，
宾夕法尼亚州小学校长

打造完美的第一堂课

"你永远不会有第二次机会去让第一印象变得更完美。"

与人第一次互动并成为至交好友的时刻；上一次甜蜜的约会；成为父母的第一时刻；工作面试的第一个瞬间；开学的第一天；我们的人生中充满了各种各样的第一印象——而且从科学的角度来说，它们会对我们的人生产生重大的影响。

回忆一下，最近给你留下最深刻记忆的第一印象是什么？它如何改变了你的其他经历？

在著作《时机管理：完美时机的隐秘模式》一书中，丹尼尔·平克强调了事情发生的时机的重要性。平克利用了开始、中间段和结束点背后的研究，并展示了从人际关系到人生经历，每一个时机的重要性。他还指出，作为教育工作者，我们的工作与第一印象的重要性有直接的重叠。他在书中讲到的教师如何开始新学年，或者如何在课堂上给学生留下第一印象，都引起了我的共鸣。

如果我们要让学生的学习体验变得个性化和真实，我们必须有意识地给学生留下深刻的第一印象。

我常常回想起我当老师的第一天。那时候我刚21岁，才从大学毕业，我本能地照搬了自己学生时代的经验来进行教学，因为这是我知道的唯一模式。我教书的第一天，就是把学生们会用到的每一本课本和文件夹发下去，分配班级教室号，填写满满的索引卡，反复地强调和重申“默里老师的课堂纪律”。

七个小时后，学生们带着装满一年资料的背包、当晚要讲的课本清单、要从家长那里找回的资料，以及对未来一年的学习期望，离开了。

听起来是不是很熟悉？

多年之后，我无比后悔自己这种错失良机的做法。我敢打赌，孩子们回到家之后绝对不会想着：“迫不及待地期待老师明天再重复一次今天的内容！”

这是因为，我第一天的教学工作有很多是关于我的，而不是关于学生的。在优秀导师的指导下，我在第二年和之后的每一年，都极大地改变了第一天的教学方式。我们从一开始的遵纪守法的规则灌输，转变为创新和有趣的文化。我们会在头几天花时间建立团队，建立我们的共同期望，并强调在新一年的学习过程中我们将开展的一些最有活力的学习经验。

在反思我自己的经验时，从我个人的无数次失败到我们许多团队的成功，我鼓励教师和校长在任何时候，当他们拥有为新的学生服务的绝佳机会时，都要考虑下面的问题。这并不是意味着假装我在课堂上已经掌握了一切，或者在我教书或当校长时，已经掌握了这些问题，因为我确实没有。我提出这些问题，是为了帮助我们的学生创造出他们所需要的、应该得到的真实性和个性化的学习体验，并给他们留下难忘的第一印象。

1. 你会在第一天做什么，来保证学生们在第二天愿意迫不及待地回到你的课堂？

当我反思刚才前面分享的我的第一天教学的情况时，我敢打赌学生们在第一天回家时，没有受到启发，也不会欢欣鼓舞地期待第二天的课程。幸运的是，在第二年的前几天，我学会了把重点放在师生关系和文化建设上，并使得开学第一天就成了我和学生们都很享受和喜欢的事情。以这样的第一天开启的全新学年，对我的学生和我来说都是与众不同的。

如果你是化学老师，为什么不在第一天就开始做一些爆炸性的实验呢？当然，要把爆炸和本学年要学习的化学反应联系起来。如果你是生物老师，为什么不在第一天就开始解剖呢？如果你是教四年级的老师，为什么不在头几个小时就和学生一起到户外做团队建设活动，然后用一天的其他时间做实践活动，预演一些其他新学年即将迎来的最真实的经历呢？

为什么不呢？我们能做到。事实上，很多人都能做到。

当你的孩子们从学校的第一天回家后，他们会在什么时候停止谈论他们那天做了什么？他们回家后会分享什么？简单地说，把第一天的时间花在后勤、课堂规则和书本封面上，不会让他们在第二天跑回来找你，也不会让他们回家后有很多话题。然而，建立关系和创造个人的真实体验，则一定会。

2. 如果学生在开学前看到你的课堂设计，他们会期待什么样的学习体验？

我第一天的教学开始时，学生们的课桌排成一排，我的大讲桌在前面，类似的房间布置意味着我将站在讲台上传播信息。教室的布置实际上已经表明，我将把知识传授给学生，而他们坐在那里，桌子排成一排，像是远离教师的孤岛，随时准备获取我分享的一切。

> **实践出真知**
>
> 带领学生一起，通过文字和图片，创造一面愿景墙。让学生们将自己对新学年的期许和目标都贴到愿景墙上。这将为全新的学年设定积极而明确的努力方向。
>
> ——阿克拉·西科曼，
>
> 弗吉尼亚州教学技术专家

学习空间设计是第6章讨论的话题，它对学生的学习方式有着直观的影响。研究表明，学习空间的设计可以增强或阻碍学习的效果。你在设计教室或学校空间的时候，运用了什么研究成果？毕竟，学习空间的设计表明了你将如何进行有效教学的信念。教室设计是否给学生们营造了这样一种印象，即它将更多地关注教师或更多地关注学习者？

3. 你将如何有意识地与学生建立关系，以及帮助学生彼此之间建立良好的关系？

如果在开学或新学期的头几天，你把重点放在文化和关系的建设上，你的教学会发生怎样的变化？如果这几天用在了团队建设上，或者花在了回顾学生们与你相处时的一些最好经历上，又会产生怎样的变化？这样的变化又会如何影响你与学生们的关系呢？

令我着迷的是，作为教育工作者，我们越是关注“考试文化”，提出“我们没有时间浪费在……”的口号，就越是觉得我们可以在课堂上建立关系和文化。我完全理解这种心态的由来，也理解学校的领导不力往往会强化和凸显这些期望的重要性。然而，这种观念完全违背了学习科学研究，也违背了我们对有效教学的所有了解。如果没有真实性和个性化的关系，几乎不可能创造更深层次的学习体验。

虽然第一年执教的我，可能没有给孩子们留下最好的第一印象，但无数的教育工作者都做得非常出色，他们为孩子们在一起的时光定下了良好的基调，让孩子们对即将到来的学习充满了期待。从第一声钟声响起的那一刻起，这些教育工作者就创造了孩子们想要获得的学习环境，并最终在整个学年中保持以学习者为中心的教学模式。

创造这些真实性和个性化的第一印象，绝不仅仅是一栋教学楼里的老师们的责任，校长们也必须以身作则。在我职业生涯的早期，我从许多导师那里学到了很多东西，我有一位校长导师，他特别了解第一印象的重要性，以及在开学前的时间里可以做的事情的深远影响力。感谢德布·洛克提出的以下想法。

幼儿园的第一印象不仅预示着该学年的情况，也给孩子的学校生涯留下了第一印象。我继承了教会我重视入学第一印象的小学校长的优良传统，每年夏天，我都会邀请我们的核心团队成员——学校辅导员、阅读专家和教学支持老师来参加我们的“暑期幼儿园门前迎接仪式”，并在暑期邮件中和家长分享我们要做的事情。美国东北地区一般8月底开学，我们会在夏末用一周半的时间，到每一个幼儿园学生的家门口去迎接他。我们会给每个孩子带去学校定制的小礼品和一本《紧张的第一天上学》，欢迎他们加入我们的学校大家庭。在那里待了几分钟后，我们会亲自邀请孩子们和他们的家人参加月底的幼儿园开学典礼，在离开之前，我们会蹲下来平视孩子们的眼睛，让他们知道我们多么乐意他们加入我们的学校大家庭。在幼儿园开学前一周，我们会给每个孩子邮寄一张手写的纸条，告诉他们我们是多么迫不及待、多么高兴、多么激动能在几天后的开学典礼上与他们相见。

每年50多次的家访和手写的纸条是否耗费了极多的时间？绝对是的。为了让我们的孩子和他们的家人知道孩子们对我们的重要性，这样做值得吗？毫无疑问。当孩子们第一天来到学校时，迎接他们的是曾经到过他们家、见过他们的家庭成员，并给他们写了亲笔字条的大人，这也表明了他们对学校的重要性。

第一印象很重要，所以我们一定要用心地规划和利用好这个时机。

无论是校长在开学第一晚前利用在线直播平台为学生读书，还是老师在开学第一天记录下家长的鼓励话语与学生分享，抑或是高中教职工在学生重新进入新学年时创造的“善意的隧道”，创造以学习者为中心的真实性和个性化的学习体验，都是从第一印象开始的。

驻足反思

你可以为你的下一批学生做什么，使得他们及其家人在未来几年内都能记住这别出心裁的第一印象？

不妨一试

- 在开学前，给每个家庭打电话，告诉他们你有多高兴能够见到他们的孩子在班上学习。
- 开学的第一天，带一个袋子，里面装满了代表你个性和兴趣爱好的东西，并与学生们分享背后的故事。第二天，请学生也这样做。让每个学生都

> **实践出真知**
>
> 在开学的第一天，给每个学生一颗不同口味的怪味豆。请他们描述自己尝到的味道，他们可能会用恶心、甜蜜、可怕或非常好等词汇。然后告诉学生们，他们尝到的每一种味道，可能都代表了来到你的班级之前经历的学习体验，虽然这些体验已经成为历史，但仍然值得铭记。但即将到来的，是一个全新的学年。然后给每个孩子都发一小袋怪味豆，请他们放在自己的抽屉里，用来提醒自己全新的学年必将充满美好的事情，同时，要将所有的不美好通通甩开。
>
> ——斯万 · 斯托姆，
> 宾夕法尼亚州中学教师

有机会分享自己的故事，就像你在开学第一天做的那样。

- 在与学生分享你的期望之前，先问问他们对你的期望。
- 带领学生一起玩“两个真相和一个谎言”的游戏。这种有趣的互动方式，能够让新的班级成员迅速相互了解。
- 开学第一天晚上不要忙着介绍课程或教材，而是让学生和家长分享第一天最兴奋的事情和本学年的目标。
- 招募一名课堂迎宾员！你是否可以和学校中心合作，让他们在每天早上用微笑迎接每个孩子？
- 在年底，让本届学生给下一年的学生写一封信，告诉他们你的课堂有哪些东西值得期待和欣赏。在暑假或开学的第一天，用这些信来激发学生对未来的兴趣。

小　学

- 在开学前，请上一年级的老师找出每个学生的“最大特点”。然后给学生发一张手写的纸条，欢迎他来到班级，分享你已经获得的信息，并表示你很高兴见到他。

- 在开学第一天之前，研究学生的名字和面孔。当他们第一次进入教室时，在门口迎接每个学生并准确地喊出他们的名字。

中 学

- 在开学的第一天，预演接下来的学年中，学生将有机会获得的两三个最好的学习体验。
- 当学生第一天进入教室时，铺上红地毯，给他们一个皇室的待遇，为他们的新学年开个好头。

第5章 如何设计真实性的学习体验

> 身为教育工作者，我们每天需要提出的问题是："什么对于学习者来说才是最好的？"
>
> ——乔治·库罗斯

约翰尼是美国国家高中荣誉生会主席，在毕业班上排名第一，他获得了很多大学的奖学金。他的学业能力倾向测试（SAT）成绩很高，加上4.0的平均成绩，使他能够在第二年选择自己心仪的学校。他在高三期间选修了五门高级课程（AP），在高级课程考试中也获得了最高分，所以他将申请知名学府，直接进入大学阶段的学习。家乡报纸的头条都会写着："学区优等生已经做好了成功的准备！"

约翰尼这个虚构例子，肯定会被认为是相当成功的学区故事吧？

每个学区都有像约翰尼这样的毕业生。但你知道伴随而来的是什么吗？像约翰尼一样的毕业生，他们拥有所有学术荣誉，心却在崩溃。像约翰尼一样的毕业生，他们在焦虑和抑郁中挣扎。像约翰尼一样的毕业生，他们在与自我价值做斗争。在最糟糕的情况下，在一些地方，像约翰尼一样的毕业生在高中毕业后不久就自杀了。**如果我们关心孩子的学业荣誉胜过于关心孩子的心灵，我们就彻底迷失了教育的意义和方向。**

注重学生的社会情感需求

> 大量的证据表明，当地区和学校明确且有意识地致力于关注学生的身心全面发展，并将其当成培养目标的核心内容，则学生的学业表现和个人的福祉都将得到显著的提升。
>
> ——nationathope.org

很多学生在毕业时当然可以拥有大量的学术荣誉、极高的能力倾向测试成绩和绩点。但如果我们只关注学术的数据，而不是学习者个人的全面发展，实际上我们就辜负了他们对教育的期望。我们可能已经在学术技能方面为他们做好了准备，却没有为他们迎接人生做好能力方面的准备。现在，美国十分之七的青少年认为焦虑和抑郁是他们同龄人的主要问题，十分之六的青少年承认面临要取得好成绩的压力，十分之三

实践出真知

在学年刚开始时，可以要求学生给你写充满善意的信件，分享关于他们个人特质和兴趣爱好的信息。然后教师应该精心准备针对个体学生的个性化回复，以展示教师对每个学生的重视和欣赏。

——莱恩·马克海尔，
马萨诸塞州中学教师

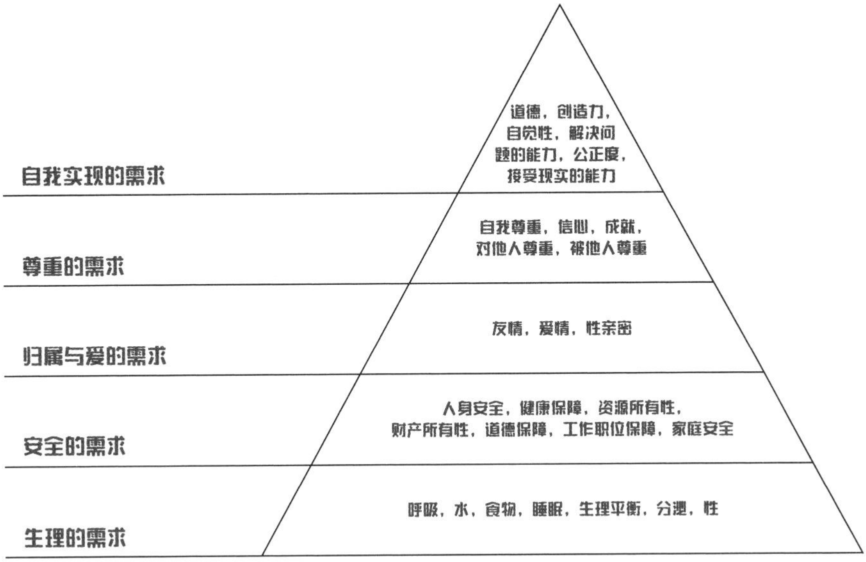

的青少年面临要表现完美、快速融入社会的压力。

真实性和个性化的学习更强调马斯洛的人类动机，而非布鲁姆的认知领域，因为前者的需求和价值比学术需求更重要。我也相信那些把学习者仅仅看作是数据点和评估分数的教育者，带来的危害可能大过于利益。

这就是为什么最伟大的教师远不止是内容的传递者；这就是为什么最优秀的校长对学生个人的关心一定会远远超过对他们学校考试分数的关心；这就是为什么最有效的教育者创造了学习者想要实现的目标，而不仅仅是他们必须完成的任务。关心学习者在社会情感方面的需求，不仅仅是一件好事，还是唯一的生存之道。**孩子的幸福感和学习能力的结合，能够产生“1+1大于2”的叠加效果。**

在接受专业的师资培训过程中，几乎每个教育工作者都学习过“马斯洛需求层次理论”。亚伯拉罕·马斯洛在1943年发表的论文《人类动机理论》中提出了此理论。马斯洛的理论与许多其他人类发展理论相似，因为它描述了人类需求和成长的阶段。马斯洛需求层次理论通常被用来研究人类如何内在地参与行为动机，其层次结构包括“生理的需求”、“安全的需求”、“归属与爱的需求”、“尊重的需求”和“自我实现的需求”。这个描述了五个层级的人类需求的模型通常通过金字塔结构的形式来呈现。在马斯洛的理论中，人类在金字塔上较低层次的需求必须得到满足，才能达到更高层次的自尊和自我实现。例如，当个体缺乏基本的生活必需品，如食物、水和睡眠（生理需求）时，他/她将难以关注问题的解决和创造力（自我实现）。

这听起来是不是与现代的教育和学习者十分相关？

驻足反思

回想一下那些因为基本的生活需求没有得到满足，而陷入学习困境的学生，你为他们提供了什么样的支持？

事实上，我们并不需要什么历史久远的心理学理论，也可以理解在学习过程中，对社会和情感方面的迫切需要。任何一位教育工作者都可以从个人的工作经验中总结出这个需求，毕竟学生的幸福感是实现深层次学习能力的最佳盟友。

如果你非常认同这些观点，那么你计划采取什么行动？作为一名教师，你如何确保能够在提升智力的同时保持与学生的心灵相通？作为校长，你如何确保学生的幸福感将优先于学术需求得到满足？你能够做些什么来支持孩子们的身心全面发展？

在内华达州的冷泉中学，老师们通过进行规划的合作，以确保走进中学大门的近千名孩子每一个人都能够体会到幸福。在这所学校里，社会情感学习（SEL）并不是上几节课或在走廊上露出笑容就可以了，而是有意识地确保教师们能够积极地寻求支持、建立联系，并监测他们所服务的每个孩子的需求。

实践出真知

尝试“装满善意之篮”的活动！在墙上给每个孩子都安装一个很小的篮子，并给孩子们提供空白的纸条。请学生们定期在纸条上写下对其他同学的赞美，然后投入该同学的小篮子里。当然，老师也不要忘了给自己预留一个小篮子，并接受来自学生们的肯定和赞美！

——克里希·罗曼诺·阿拉比妥，
新泽西州小学教师

从罗伯塔·杜瓦尔校长在里诺郊外的这所乡村中学开始，教职员工一起在房间里的海报上查看学校的名册，用彩色笔在标有“姓名/面孔”、“个人经历”、“个人/家庭故事”和“学习成绩”的栏目下打钩，以表明他们是否知道孩子们的姓名、面孔、个人故事以及他们在课堂上的表现。

工作人员对全园的每一个孩子进行复查，并与同事进行信息交叉比对。在这所内华达州的中学里，这已经成为一种常规的做法，也能直观地显示出教师与哪些学生有个人联系，对哪些学生只知道他们的名字或脸。

一开始学生信息的掌握程度对比很鲜明，有些孩子在所有类别中都打了钩，而其他一些孩子则与整个学校的老师都很少联系，并且学校的教职员工对于他们在校外的世界一无所知。

从学校层面有意识地强调社会情感学习，将促使教师员工将目光投向课程之外，反思自己对所教学生和每天在学校大厅里走动的学生的了解程度。

冷泉中学隶属于内华达州华首县学区，该学区拥有6.4万名学生。2012年，由98所学校组成的学区推出了一项全面的社会情感学习计划，因为该学区充分意识到了掌握社会和情感技能（如毅力和同情心）将非常有利于提高学生在许多方面的成功。该学区还通过了“让每一个孩子名正言顺地毕业”的使命宣言。

自从实施基于社会情感学习的工作方法以来，华首县学区学生的出勤率提高了，纪律问题减少了，同时他们收获了更高的州级测试分数，以及更深刻的社会情感技能。在重视学生而非成绩的学习文化中，学生自身价值的重要性远远超过他们的学业表现。在该计划施行的头五年，整个学区的毕业率提高了18个百分点。

优先考虑学习的社会情感方面，将帮助教师们看到教学内容之外的东西，并帮助我们看到教学的对象。

真实性和个性化的学习意味着承认每个人的独特学习需求，而不仅仅是考虑群体的整体福祉。这一点在当今的心理健康危机中表现得最为明显。

根据美国国家精神疾病联盟的研究结果：

- 在美国，大约每5个成年人中就有1个——总数约为4380万，占比约为18.5%——患有某种类型的精神疾病。
- 在13~18岁的青少年中，大约有五分之一的人（21.4%），在一生中的某个阶段经历过严重的精神障碍。对于8~15岁的儿童来说，这个比例大约是13%。
- 超过三分之一（37%）的14~21岁及以上存在心理健康状况的学生，在接受特殊教育的过程中辍学——这是所有残疾群体中最高的辍学率。

根据美国疾病控制和预防中心（2017年9月）的数据：

- 自杀是10~24岁青年的第三大死亡原因。
- 一项针对美国高中生的全国性调查发现，16%的学生表示认真考虑过自杀，13%的学生表示正在制订自杀计划，8%的学生表示在接受调查前的12个月内尝试过自杀。

- 每年约有15.7万名10~24岁的青少年，因自残而在美国急诊室接受治疗。

虽然这些数字仅代表美国的统计数字，但这些问题在全世界都很普遍。在现代社会，作为一名教育工作者要面临的一个挑战就是，我们经常被要求帮助解决大规模的社会问题。从为生活在贫困中的学生提供食物和衣服，到指导那些与心理健康做斗争的少年，教育工作者发现自己要承担无数的责任，完成无数的事情。

令人惊奇的是，教育工作者的确找到了一种方法来完成这一切，毕竟服务需要帮助的人是教育工作者的天职。这也是为什么教育工作者是地球上最有才华、最有同情心、最不可思议的人。

驻足反思

你此刻心中担忧哪个孩子？看到上面的内容时，你想起了哪个孩子？现在你们已经为这个孩子提供了哪些帮助和支持？

在传统环境中，社会情感学习通常被视为少数工作人员的责任，如学校辅导员或地区心理学家，并仅需要提供给那些需要治疗或重点关注的学生。现如今，最优秀的学校和地区已经认识到，所有工作人员都有责任优先考虑学生的社会情感需求，同时有意识地建立提供相关支持的机构。因此，想要提高学生成绩，就应该开始增加对社会情感学习的支持。

全美社会、情感和学术发展委员会的报告《从一个处于危险中的国家到一个充满希望的国家》总结了教育工作者的工作和社会情感学习的重要性：

儿童需要具备广泛的技能、态度和价值观才能在学校、职业和生活中取得成功。这些技能包括保持专注、设定目标、团队合作和规划未来等，态度包括内在动机、毅力和责任感等，价值观包括责任、诚实和正直等。他们还需要进行批判性思考、考虑不同观点和解决问题的能力。美国的职场对这些社会、情感和学术能力的要求越来越高，对在不同的团队中工作的能力、处理困难问题的能力和适应快速变化的能力要求很高。

帮助孩子们学会和掌握这些特质和技能，可能听起来有点天方夜谭。但它一直并将永远是教育事业的核心。正因如此，教育应始于关心孩子和积极主动的父母，对他们提供情感上的支持，并对孩子提出很高的期望；正因如此，指导儿童和鼓励自尊的社区机构是家长和学校的重要盟友；正因如此，优秀的教师可以改变学生的命运，帮助学生找到未被发现的天赋和内在目标；也正因如此，每一个参与教育的人，都承担着一个惊人的使命：培养孩子们的知识、技能和品格，使孩子们能够在一个更好的国家里过上更好的生活。

这种召唤是一种荣誉，但不是一种选择。由于所有的教育都涉及社会、情感和学术学习，我们只有两种选择，要么无视这一事实，接受令人失望的结果，要么有意识地妥善解决这些需求。

实践出真知

身为教师，我们有可能对学生产生终身的影响，并改变他们的人生轨迹。而确保学生身心全面发展的教学理念，将能够让学生掌握毅力和坚持这两个在未来人生中必需的品质。

——巴西尔·马林，
佐治亚州高中副校长

社会情感学习不是所谓的教育潮流或风尚，也不是一两节添加的课程内容，更不是事先购买的设定完毕的课程安排，它是我们作为教育工作者所做一切工作的核心。

你要教授的不是数学内容，而是教会孩子们掌握数学技能；

你要教授的不是科学内容，而是教会孩子们掌握科学知识；

你要教授的不是音乐内容，而是教会孩子们掌握音乐技能；

你要教授的不是社会研究，而是教会孩子们掌握社会研究的方法；

你要教授的不是写作内容，而是教会孩子们掌握写作技能。

有些人觉得前面这些论述就是在玩弄文字游戏，但其他人则认为这中间的细微差异恰好是教育工作者真正的职责所在。

只有当孩子们被当作独立的人看待，他们的社交、情感和学术需求都得到重视时，才会发生个性化的、真实性的学习。**如果我们要推动孩子的思想，就必须利用始于内心的需求杠杆。**课堂上的个性化的、真实性的学习的“如何”就是从这里开始的。

不妨一试

- 选择你的学生最喜欢的表情，来突出他们在某一天的感受。将这些信息汇总到反馈表上，可以是纸质版的，也可以是电子版的。用它们作为每天开始教学前的热身，或作为一天教学工作结束之后的总结，以此来记录学生们进入教室时的感受，或者他们上完一节课后的感受。同时将这些信息与社会情感学习的目标和教学目的相结合。
- 在工作中要敢于展示脆弱的一面，要表现出自己人性的一面，而不是只展示教师作为毫无缺陷的知识传授机器的一面。
- 当你看到一个孩子存在情绪层面的挣扎时，要把提供他们所需的帮助作为自己的使命，尽己所能向他们展示他们的价值和重要性。
- 治疗犬在学校里变得非常普遍，并在支持学生的社会情感的学习方面显示出了可观的前景。你的学校是否可以收养一只？

开展文化适应性教学

> 文化适应性教学，就是帮助那些在学校中被边缘化的不同文化和语言的学生，培养他们从事严格工作的技能和能力。重点不在于激励，而在于提高他们的脑力和信息处理技能。
>
> ——扎丽塔·哈蒙德

根据皮尤研究中心2018年的数据，“后千禧一代”（也称为“Z世代”或“i一代”），即1997年至2012年之间出生的人，有望成为“迄今为止最多样化、教育程度最高的一代”。多元化背景的增加，再加上较高的高中毕业率，为当今一代学习者展示了令人难以置信的前景。虽然每个国家的统计数字都不一样，但在美国，学生的人口结构已经呈现出以下几个方面的特点：

- 52%是非拉丁裔白人；
- 25%以上为拉丁裔；
- 14%以上是黑人；
- 6%以上是亚洲人；
- 不到4%是非拉丁裔的其他种族人群，主要是两个或两个以上的种族。

对美国人口综合状况的纵向研究表明，人口日益多样化是一个长期趋势，这无疑也是美国未来的一个优势。

世 代	6~21岁非白人的人口比例
2018年跨千禧一代	48%
2002年千禧一代	39%
1986年X一代	30%
1968年婴儿潮一代	18%

作为教育工作者，我们在道德和伦理上均有义务确保我们所做的工作尊重、欣赏和重视学生群体的多样性和他们多样化的观点。如果我们要创造真实性和个性化的学习体验，那么关注文化适应性将是一个不容置疑的问题。如果孩子们不被重视和尊重，他们就无法学习。包容性的环境对学生和教职员工来说都是必不可少的。

作为一名白人男性，我有义务确保其他白人教育工作者都能够理解文化适应性的必要性。我同时认识到，我的视角并不应该引领这场对话，因为许多教育工作者的经历比我丰富得多，也大不相同，他们的声音同样需要被倾听。因此，我很荣幸能在章节的下面内容中，分享我伟大的朋友罗莎·佩雷斯·伊西娅博士的观点和声音。

案例分享

我在教育生涯的早期就已经意识到，在教育中，顺应文化的教学和领导是不容置疑的。回想起来，那些顺应文化开展教学的教师解决了我作为一个英语学习者和有色人种学生的需求，这也是我成长为一个教授不同学生群体的年轻教育者的原因。当我有机会领导学校的教学时，这也成了别人口中的我个人的“领导风格”的一部分。但我反复琢磨的是：

这难道不是我们所有人进行教学、领导和学习的最佳方式吗?

我们是否应该从文化适应的角度来看待教育?

我们怎么可能在教学中不处理、不验证、不提升、不向我们学校和教室里的不同学生学习?

我们的学生带着丰富的故事和经验来到我们身边。这些经验是他们的一部分,并极大地影响了他们作为学习者的身份。遗憾的是,这些丰富的经验长期以来一直被我们的教育系统忽视、否定,或者被认为是缺陷。教育工作者未能将这些经验视为宝贵的资源,也未能挖掘我们的学生所拥有的知识价值。语言、文化、种族、肤色、性别、生活经历……所有这些因素都会导致学生的学习成绩下降。但反过来说,所有这些因素都有助于推动学生的学习效果和他们作为社会人的健全发展。当这些知识储备得到认可,并且学校和教师能够对学生代表的不同文化做出回应时,教学的目标就不仅仅是在学校里专业能力的培养,而是确保所有孩子都能得到真正的学习。

杰奎琳·J. 欧文和威利斯·D. 哈雷对文化适应性教学的研究进行了概述,并发表了题为《文化适应性教学:针对学生成绩研究的概述》(2011)的研究成果。他们分享了以下关于"文化适应性教师"的重要性和特点:

对文化适应性有所认识的教师明白,学生把他们受文化影响的认知、行为和性格带到学校。这些教师不仅了解与种族、民族、文化和语言有关的学生差异,而且能够利用这些知识来丰富他们的教学,以增加学习机会。根据哈雷、艾伦和博伊金(2009)的观点,学生身上与其学业成就相关的资源包括学生的兴趣和偏好,动机倾向,学习激情和承诺,积累的经验和知识,存在的和新出现的理解和技能,个人、家庭和文化价值观,家庭传统和实践,态度、信仰和观点,自我认知以及个人或集体意识形态。

如果顺应文化的教学能够支持学生的学习,并帮助教育工作者建立与学生及其社区经验之间的联系，为什么我们还在纠结是否应该开展文化适应性教学？为什么我们还没有成为与每个孩子建立联系并缩小不同学生之间成绩差距的专家？现实情况是，多种因素影响了我们以文化相关和响应的方式进行教学和领导的能力。

- 我们**存在偏见**，这些偏见影响了我们对有色人种学生和历史上被边缘化的学生群体的信念和行为。
- 我们**拥有特权**，这些特权影响了我们看待不同群体经验的方式，尤其是如果我们是教育中占主导地位的群体的一部分，例如：白人和女性。
- **标准课程**是通过特定的视角进行教学的，这种视角往往排除了文化和语言上不同声音的观点和模式。
- 我们未能与学生和家庭建立**牢固的关系**，特别是当他们看起来与我们不同时。

这些因素只是部分原因。通过解决上述四个因素：我们的偏见，我们的特权，标准课程的主导视角，以及我们未能真正联系和理解我们的学生及其家庭等，我们可以开始扭转潮流，支持教育工作者和教育领导者在他们的改革过程中实现文化适应的教学和领导。

作为一名经验丰富的教育工作者和教育领导者，我无法想象以任何其他方式进行的教学或领导。顺应文化的教学和领导是教育我们的孩子的唯一方法——因为只有这个方法才能适用于所有的孩子。它是教育工作者看待课堂、学校和地区的变革性视角。顺应文化的教学和领导必须成为教育中不可妥协的规范。

罗莎·佩雷斯·伊西娅博士，

加利福尼亚州小学教学主管

不妨一试

- 念错学生的名字会给学生造成很大的伤害，让他们觉得自己不属于班级或不被重视。与学生（或家人）合作，确保正确的发音。至少这样做，表明身为教师的你很重视他们的身份。
- 如果你的学校或班级是由一群不同背景的学生组成的，要不断地强调和鼓励这个群体的多样性和力量，尊重不同的家庭背景和历史。如果班级群体的构成相对单一，要努力引入不同的声音和经验，以培养同理心和包容性。
- 和那些与你有不同视角的人在私下或社交媒体上建立联系，学习如何克服个人偏见，以更好地理解和联系所服务的学生。

创造令人惊叹的教学时刻

为学生提供不寻常的体验，他们将会回报以超乎寻常的努力和积极态度。

——戴夫·伯吉斯

当今的课堂大多充斥着各类各样的信息：教科书、普通图书、视频媒体，对许多人来说，世界上的信息看似已经唾手可得，让人有机会接触到一生可能都无法看完的海量信息。但是，在一些课堂上，信息虽然是丰富的，与信息互动的灵感却很少。**如果我们的课堂信息丰富，但却缺乏良好的学习体验，那么真实性和个性化的学习就不会发生。**正是在学习体验中，特别是那些被惊叹的瞬间所吸引的学习体验中，才会发生更深层次的学习。

惊叹被描述为“一种对感性的巨大刺激的情感反应，这些刺激挑战了一个人在某些领域的习惯参照框架”。这些时刻对你来说是什么样的，你对此有什么感觉？最近你经历了什么令人惊叹的时刻？是什么原因导致了这种感觉的出现？

人们在讨论世界自然奇观、令人叹为观止的景色，或者在第一次参观历史艺术展览时，常常会将其描述为令人惊叹的时刻。这些经历会让之前我们不曾见过的东西变得清晰，也似乎会让世界静止，哪怕只有一瞬间。

杰森·席尔瓦在他的视频《令人惊叹的时刻》中运用令人信服的文字描述了这些时刻。

我想了很多关于平庸和惊奇之间，在迷茫和光芒四射的狂喜之间，在不受此时此地的影响和在情感上被它绝对控制之间的对比。而我认为人类的一个通病，就是心理习惯。一旦我们创造了一个舒适区，我们就很少走出这个舒适区。但这样做的后果是一种被称为“享乐适应”的现象。对同一种事物、同一种刺激的过度刺激，一而再、再而三地使上述刺激变得不可见。反复的刺激在大脑中形成了固定的映射，导致个体不再对类似刺激产生任何的反应或参与感。我们有眼睛，却看不到，有耳朵，却听不到，心里也没有感觉，也不明白……那么，我们如何控制自身的感官器官，才能确保我们从生活中获得那种情感和审美的体验，从而渲染出最有

> **实践出真知**
>
> 通过切实可行的活动来检测学习的成效。通过角色扮演来挑战学生对词汇的掌握能力，刺激他们的想象。教师可以亲自示范，拍摄视频来展示整个活动的流程。通过这个学习的流程，我们可以将抽象的概念与日常生活结合起来。
>
> ——凯尔·哈姆斯蒂亚，
>
> 北卡罗来纳州STEM小学教学专家

意义的东西呢？因为我们都知道那些时刻是存在的，但也是会被我们的大脑最终剪辑和屏蔽的时刻……

惊叹的时刻，惊奇的时刻，天生的好奇心的时刻，那些最终会被铭记的时刻，实际上这些时刻每天都发生在课堂上，发生在学习者身上：

- 第一次读单词的幼儿园小朋友们；
- 知道了磁铁的工作原理的二年级的学生；
- 完成电路，最后点亮灯的四年级学生；
- 第一次体验虚拟现实的七年级学生；
- 在图书馆制作空间里创造了新东西的九年级学生；
- 正在生物课上解剖猪的高中生。

驻足反思

在你的课堂或学校里，有哪些令人惊叹的时刻？学习者是如何反应的？哪些是他们多年后还记得的？

当我反思自己的教学经历时，我可以肯定，我教过的孩子中，没有一个能够记住我作为班主任发放的一张工作表。然而直到今天，我还会听到很多关于我们一起经历的故事。那些时刻，有些学生在将近20年后还能够记得住并描述出来。

这并不是说我们要完全占用所有需要使用铅笔和纸进行的技能培养，因为我相信教学是绝对必要的。我们只是不能假装常规的教学，就能够激发出伟大的灵感，并释放出我们每一个学习者身上不可思议的天赋。我们可以把这些时刻作为知识的演练，但必须对预期的结果持现实态度。

为什么我的学生在近20年后，可能会记得完全不同的东西？令人惊叹的时刻在本质上是个人的，它们是挖掘情感的真实体验。令人惊叹的时刻创造了一个渠道，将以前的未知的东西变成现在可以理解的东西。

在你的课堂或学校里，哪些学习经历能激发令人惊叹的时刻？哪些瞬间点燃了惊奇感？哪些时刻激发了你的学习者与生俱来的好奇心？哪些时刻是他们会回家告诉家人的？哪些时刻他们会在多年后仍回味无穷？哪些时刻他们会记住你？

建构相关性和情境化的学习体验

> 要创造相关性而不是意识性。
>
> ——史蒂夫·乔布斯

每年，我有幸通过领导“未来的学校”（future-ready.org）与成千上万的教育工作者一起工作，有幸以一名作家和演讲者的身份与成千上万的教育工作者一起工作。从教学区主管和其他区级领导到校长，再到每天在课堂上教学的学校领导，与那些致力于帮助孩子们的人共度时光，一直是我的荣幸。

在做这项工作的过程中，我能够进行很多对话，引导很多讨论，并提出很多问题。在促进专业学习的对话时，我经常会问两个问题：

1.“你有过的最好的专业学习经历是什么，为什么？”

2.“你有过的最糟糕的专业学习经历是什么，为什么？”

驻足反思

前面提出的关于专业化学习的两个问题，你的答案是什么？

无论我身处何地，也无论我的听众是谁——教学主管还是教师，他们的回答几乎都是相同的。在回答这两个问题的时候，他们的答案中的共同点就是——相关性。在回答这两个问题的数千名教育工作者中，相关性几乎在每一次谈话中出现的频次都超越了最好和最糟糕的经验。

你是否获得了相关性？你最好的专业学习经历是否与你每天的工作最相关？而你最糟糕的经历中是否包含了一些似乎与你的工作无关，却强制要求你出现的学习？

对于这两种感觉，我们的学生可能也深有体会。如果学生知道相关性的概念，他们可能会与你有一样的体会，哪怕他们不知道相关性的概念，他们的直觉在类似的情况下也是相近的。

相关性和学习重要性的背景推动了真实性和个性化的体验。**如果教学的内容没有回答为什么要学习的问题并建立相关性，学习的积极性很容易被扼杀。**

相关性的学习体验是那些能够直接适用于学习者日常生活的经验。这些经验往往能够挖掘学习者的愿望，并巩固他或她在周围世界中的存在意义感。当学习经验具有相关性时，学习者就可以对“我为什么要学这个”这个再熟悉不过的问题作出回应。具备相关性的学习经验往往会增加内在的学习动力，并激发一个人天生的好奇心和求索心。

情境化的学习体验是指学习者能够合理地解释学习的内容，能够如何与他们已经知道的周围世界相适应。从本质上说，这就意味着学习者可以利用已有的经验，从新信息中建构意义。在这些经验中，学习者可以充分回应“这个学习意味着什么？”这个问题。情境化的学习十分重视学习者的个体差异性以及他们看待世界的角度。例如，学习者在理解教学内容时，可能会存在文化、社会经济和家庭动态等方面的背景差异。

让我们以数学为例。根据我的经验，人们在反思自己在数学方面的能力或信心水平时，似乎过于积极或消极。“我不擅长数学”和“数学不是我的菜”等说法比较常见。你同意吗？

在学习数学等内容时，一个人的信心直接影响着学生的兴趣水平，这已经不是什么秘密，而一个人的信心和积极性之间肯定是有联系的。一个人的信心和积极性，无疑需要基于其以往的经验，以及对任何一个特定领域的相关性的理解。无论是对学生的成长还是对员工的成长来说，这一点都是真理。当学习者明白了为什么学和怎么学，学什么就变得更加可行。这绝不意味着学习会很容易，也不意味着为什么就能够自动帮学生学会需要掌握的内容，但是，它增加了与目前需要学习内容的联系，而这些类型的联系是建立在更深层次学习的基础上的。

> **实践出真知**
>
> 参与感是我调动学生对科学内容兴趣的唯一方法和手段。生命本身就是一个沉浸式的学习过程，因此我们的课堂也应该以此为标准。
>
> ——德里克·巴德科，
>
> 堪萨斯州高中教师

像数学这样的学科，很多人既爱又恨，因为它太过抽象，概念很难掌握，而且根据探索方式的不同，可能完全与现实脱节。因此，教师必须投入时间，帮助学习者理解内容的有用性。帮助学生掌握学科内容在现实世界的应用，以增加学生对信息有用性的理解，激发学生学习所需的必要信心和动力。

相关性和情境化的学习经验有多种形式，可能会因地区的不同而呈现巨大差异。从当地农民与小学生的分享，到高中生在附近医院完成为期一年的实习，这些经验可能需要不同的时间，有不同的学习成果，但有一点是共同的：它们都能够推动真实性和个性化学习的发生。

与实习、海外学习项目、实地考察、集会或课堂上的实践课程类似，相关性和情境化的学习也发生在服务型体验中。而基于服务的体验——为他人工作并给予他人帮助——可以改变生活。

明尼苏达州的幼儿西利安·杰克逊患有一种罕见的遗传病，影响了他的行动能力。在两岁时，这个男孩就难以独立行动。他的父母无力购买电动轮椅来帮助他，因为电动轮椅的价格高达2万美元，而且不能医保报销。西利安的父母怀着让儿子得到急需帮助的强烈愿望，联系了附近的法明顿高中及其第一支机器人团队，即流浪机器人（Rogue Robotics）团队，看他们能否提供帮助。

这个高中团队很快就接受了这个挑战，抓住机会为社区成员提供帮助。他们与特拉华大学的一个组织GoBabyGo合作，这个组织对玩具车进行改装，使残疾儿童能够行动自如。这个项目让过去习惯于为比赛建造机器人的团队，了解了自身知识和技能可以应用到更大的领域。

这就是一个具备相关性和情境化的项目，而这个体验过程无疑是个性化的、真实性的。在这个项目中，团队的设计和创造并不是为了赢得比赛的积分，而是通过自身的才能切实地帮助社区中的孩子改变生活。

经过几周的工作，在2018年圣诞节前，流浪机器人团队给西利安送上了定制的电椅，并在团队的社交媒体页面上，发布了一段他第一次使用电动轮椅时无比激动的视频。

Rogue Robotics - Farmington
December 20, 2018 ·

Our secret is out! For the past few weeks our team dedicated themselves to make a wheel chair for Cillian. We'd like to give a special thank you to Cillian's parents for reaching out to us and giving us such an amazing opportunity! We'd also like to thank our mentors who helped us get it done right before the holidays! What a terrific way to end our preseason!

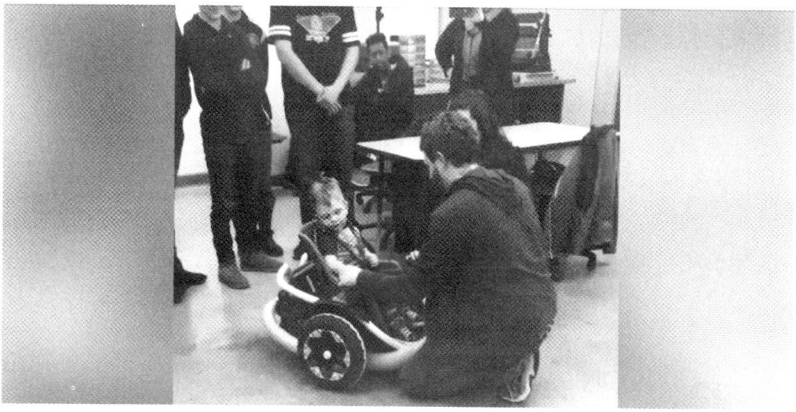

我们的秘密武器面世啦！在过去的几周里，我们的团队废寝忘食地忙碌着给西利安设计和制造一个电动轮椅。我们要感谢西利安父母向我们的团队求助，并给予我们如此美好的机会进行尝试。同时要感谢团队的指导老师，没有你们的精心指导，我们不可能在假期前顺利完成。这真是结束本学期的最佳方式！

现在的学习者都具备不可思议的能力，他们的能力往往远远超过我们的预期。当他们理解了课程的相关性，并有机会以自己的方式将课堂学到的知识应用到现实生活中，惊人的奇迹就会出现。

驻足反思

在你的班级或学校里，发生了哪些与情境相关的教学经历？你是怎么知道的？你的学生有什么反馈？

案例分享

瓦尔维德联合学区（USD）信奉跨学科和应用型的学习方法，将严谨的学术概念与现实世界中基于问题的学习相结合。本学区强调综合的课程学习方法，包括科学、语言和技术的概念。

由美国国家研究委员会（NRC）定义的下一代科学标准（NGSS），旨在将科学内容与科技不断创新的世界所需的批判性思维和交流技能相结合。瓦尔维德联合学区致力于确保我们的学生能够掌握科学家或工程师日常工作中不可或缺的知识和技能。所有瓦尔维德联合学区的学生都有机会获得下一代科学标准所规定的解决问题、批判性思维和协作的学习经验。

老师们的意见让我们意识到，我们必须改变教学的支持结构和空间，以促进学生的创造力。我们的对策是在所有小学和初中创建STEAM实验室。这些学校被赋予了自主设计教学空间的权利，这些空间将高度灵活，并专注于使用技术让学生参与真实的、以解决方案为导向的学习机会，将工程设计过程融入其中。

STEAM实验室为学生提供了一个空间，让学生可以体验基于内容标准的真实课程，并让学生体验到相关性和情境化的学习。在这些引人入胜的空间里，学生将技术作为一种工具，而不是目标。学生们使用机器人、Chromebook、iPad、3D打印机、CAD设计、绿色屏幕、乐高砖块和相机来展示他们的创造力和批判性思维，同时交流他们对解决现实世界问题的独特知识贡献。瓦尔维德联合学区认为，在孩子的早期教育中关注STEAM职业，将有助于招揽更多的女孩和少数族裔也从事与STEAM相关的职业。

迈克尔·麦考密克，

加利福尼亚州瓦尔维德联合学区教学主管

释放学生的兴趣、激情和特长

> 激情就是最好的能量。当你专注于令你感到兴奋的事物时，你就能够感受到那种无穷尽的力量。
>
> ——奥普拉·温弗瑞

我的儿子凯顿和女儿佩斯莉是非常与众不同的孩子。我的女儿早早就学会了说话，但儿子开口讲话的时间非常晚；女儿过敏的东西，儿子能吃；女儿想休息的时候，儿子就想出去玩；儿子想运动的时候，女儿却什么都不想做；儿子性格外向，总想逗人笑，而女儿比较矜持严肃；女儿喜欢巧克力冰激凌，儿子更喜欢香草味的。

为什么两个孩子有着共同的父母，生活在同一个屋檐下，却在很多方面完全不同，包括他们的兴趣、激情和特长？

驻足反思

如果你也是家长，你能够体会到我的这种困惑吗？如果你是老师，你有没有教过各方面完全不同的兄弟姐妹？这些经历让你意识到什么？

每一年入学的新生，都带着独特的视角来看待这个世界。每个人都充满了自己独有的希望和梦想，每个人都拥有难以置信的天赋和能力，每个人都有着无数的兴趣和激情，并运用独有的技能和视角来观察外面的世界。

在传统的课堂上，有一部分学生有机会在课堂上大放异彩，而其他的学生则可能默默无闻。每一个学生踏进教室之后，所接触的教师，可能与对门的教师有着完全不同的性格，与隔壁的教师有着完全不同的专长，与校长有着非常不同的兴趣领域。

> **实践出真知**
>
> 学生和老师都需要空间来分享自己学习数学的经验和故事。在学习数学的过程中，故事的分享和讲述成为可以驱动学生的好奇心和推动奇迹发生的因素。
>
> ——撒尼尔·辛格，
> 安大略省多伦多市数学教师

所有这些差异使我们与众不同，它们帮助定义了我们作为独立个体的身份。作为教育工作者，我们每天都有机会让学生们接触到我们所喜欢的新事物，而这些事物，学生们在接触之前，或许不知道原来自己也喜欢。**我们与孩子们相处的每一天，实际上也是通过所分享的东西以及对分享对象的关注，通过富有激情的感染力，来传递一部分的自己的良机。**我们需要面对的一个残酷事实就是，如果我们对自己所教授的东西兴致缺缺，那么学生也不可能会对其产生激情与热爱。

作为教育工作者，我们是否为学生提供同等的机会来了解我们所掌握的知识？

作为一名高中新生，丹妮拉·奥罗兹科还记得当年她在上学路上看到的无家可归人士的数量——只有一个。十年后，街头流浪者的人数已经翻了好几倍。在她的家乡，距离洛杉矶西北方向约20英里的加州圣费尔南多市，无家可归者人数的年增长率高达36%。丹妮拉和她的朋友们想帮助那些在上学路上看到的无家可归者，但他们自己的家庭经济也不是很好，所以不太可能直接给这些人钱。

“这就促使他们进行了一项全新的发明：一顶太阳能帐篷。这个帐篷可以收缩和折叠为一个背包大小。在开展这个项目之前，丹妮拉和其他参与项目的10名高中女生从未做过任何需要动手的工程项目。但在YouTube、谷歌等网络资源的帮助和反复试错之后，她们终于完成了这个项目。她们希望有一天，这个帐篷能够帮助改善社区中无家可归者的生活质量。”

在开展这个项目之前，这11个高中女生彼此不认识，但相同的兴趣将她们聚集到一起。她们都心怀为社区服务的热情，在学校和当地非营利性组织DIY Girls的支持下，她们成功地从零开始完成了一个项目。这个没有任何男性的工程团队，每周工作六天，并充分利用节假日和周末的休息时间，为无家可归者发明了一个太阳能帐篷，希望有一天能大规模生产，以便将它们送给需要的人。

这些女孩没有工程经验，但她们对这项工作充满热情；她们没有编码的经验，但她们对帮助比自己更不幸的人有着浓厚的兴趣；她们对如何设计如此复杂的东西知之甚少，但她们在解决问题、研究、迭代和坚持不懈方面，有着令人难以置信的优势。

学习者的发言权和选择权，是确保真实性学习的前提。它使学习者成为这个过程中不可或缺的一部分，而不是旁观者。赋予发言权和选择权的操作，能让学习者将个人的身份与学习过程关联起来，并放大学习者的兴趣、激情和特长。通过承

实践出真知

对教师和学习者来说，自主选择都是非常有效的学习工具。如果负责做出教育决策的老派校董会能够让教师和学生自主选择课堂活动的形式或专业学习的重点，那他们实际上就是给每个人都赋予了充分的决策权，并表明了学校对个体的独特性和独特教育需求的尊重和重视。

——德里克·麦克伊，
佐治亚州中学校长

认学习者的差异性和独特性，表明了他们在学习过程中的重要性。

那么，这样的学习体验具体的表现是什么样的？

1. 学习者对内容的选择。为学习者提供选择感兴趣内容的机会，能够帮助课堂获得预期的效果，这是很常见的操作。

2. 学习者在资源和工具上的选择。有机会分析和选择适合学习目标的资源和工具，往往是培养学习者自主学习能力的第一步。

3. 真实的评估机会。这些评估的目标，是展示基本知识和技能在课堂外应用的可能性。这些评估关注真实世界场景中的知识应用，往往有助于推动真实性的学习体验。

4. 展示天分的时间：鼓励学生在学校期间的固定时间内，通过选择学习的内容来探索自己感兴趣的领域。这个操作借鉴了谷歌“20%时间”的做法，即学生可以利用一个固定的时间段（通常是每周或每月）来探索他们感兴趣的主题。

> 突出学习者的兴趣、激情和优势，承认他们美丽的独特性，并表明对其重要性的尊重和重视。

5. 充满激情的项目。与“展示天分的时间”的设计类似，学生设计并实施充满激情的项目，同时挖掘自己独特的天赋和能给自己带来快乐的领域。

6. 职业与技术教育（CTE）。最常见的形式是开设一些完整的课程，以便学生探索现实世界，如建筑课、护理课和计算机科学课，同时使学生在这个过程中获得行业认可的认证（大多数情况下可以实现）。传统上，职业与技术教育为学生提供了一些最个性化和最真实的学习经验。

驻足反思

在你课堂或学校里，学生在哪些地方能够追随自己的兴趣、激情和特长？这些经历是常规的操作，还是特殊的例外情况？

指望着学生走进校门时期待的是一种“标准”的教育模式，实际上完全忽略了学习者作为独立的个体在兴趣、激情和特长上的巨大差异。因为，学校要尽可能为学习者提供各类不同的机会，让他们探索对自身有意义的领域，承认他们的独特性，并反复强调他们的重要性。

案例分享

从我上小学开始，技术和编码就成为我生活中不可或缺的一部分。当我父亲在教年轻的学生们如何编码时，我经常会旁听课程。我在旁听时观察到，在技术的学习环境中，男生在整个过程中都非常投入，动手能力很强，而女生则往往会退缩，直到她们认为自己得出了完美的答案。但事实证明，要想让女孩子们也完全沉浸其中，只需要一个了解她们需求和独特性的人推一把就可以了。因此，我决定为5~6岁的女孩教授一门编码课，利用制作手链和跳舞等个性化活动，来帮助她们更好地掌握相关的概念。不久之后，我成立了“编码女孩”组织。这是一个全国性的非营利组织，它的工作模式解决了我在编码课程上发现的问题，看起来有利于推动对帕克兰学区的女孩在技术课程上的发展，因此获得了教育行政部门的同意和支持。

在2017~2018学年的春天，管理员特雷西·史密斯女士和沙曼莎·爱德沃兹女士在推动帕克兰学区启动“编码女孩 ”的过程中，发挥了至关重要的

实践出真知

每一天，尽可能与更多的学生沟通和交流，询问关于他们的兴趣爱好的信息，交流有趣的个人故事，到访他们工作的地方，鼓励他们在手头项目上已经取得的成就，将他们的兴趣爱好融入教学的内容和过程中，为学生提供自我反思的时间和空间，与学生的家长或监护人保持联系，共同分享和庆祝学生取得的每一个进步。要确保课程主要内容和技能的真实性，教师们就需要不惜一切代价释放学生的天分和潜能，并通过团队的关心，帮助学生解决在家庭中面临的糟糕问题，同时致力于解决社区和全球的问题。

——乔伊·雷伊戴，

宾夕法尼亚州高中教师

作用。她们充分给予了我信任，并允许我领导Springhouse中学俱乐部。他们还为Orefield中学俱乐部找到了一位学生领袖。帕克兰非常重视学生的需求，这让整个体验对每个参与的人来说，都变得更加个性化和真实。仅仅在俱乐部成立的第一年，我们就有大约65名女生成员，第二年，对此感兴趣的人数成倍增长！现在，中学里的学生领袖更多了，帕克兰学区一直坚持不懈地确保学生们的意见得到倾听和考虑。我非常感谢帕克兰的老师们相信我领导俱乐部的能力，因为这不仅让我受益，还让其他女生明白，即使是一个初中生，只要你用心去做，就能做任何事情！

乌玛·普拉尼，

宾夕法尼亚州帕克兰学区十年级学生

不妨一试

- 和学生一起策划一节课！让学生有机会分享他们对教学活动、教学资源以及如何展示他们的学习的想法。
- 给学生选择教学主题的机会，让他们选择自己感兴趣的内容。然后让他们选择相关的教育工具和资源。
- 允许学生以各种方式展示他们的学习成果。利用学生自身的表述进行真实的评估，让他们在分享他们对某一主题或技能的理解时，能够发挥自身的优势。

从被动接受信息到主动创造和设计学习内容

> 每个人都是天生的创造者。通过我们的双手，将我们学会的东西，从脑海中搬到心中。
>
> ——布鲁尼·布朗

在题为《为什么被动消费是创作的必要条件》的视频中，约翰·斯宾塞令人信服地剖析了批判性的接受如何成为创作过程的一部分。斯宾塞勾勒出了一个从批判性接受者到个人灵感的循环，这最终导致了创意作品的诞生。

人们很容易把创作和信息的消费看成两种截然相反的行为，然而，创意并不会凭空发生。在观察创造者时，你会发现他们往往是其他同类型作品的关键消费者。大师级厨师喜欢探索新的食物，并享受丰盛的大餐。词曲作者喜欢将自己的歌曲制作成混合专辑。最伟大的建筑师会去遥远的城市，参观建筑，寻找灵感。电影制作人不断地看电影，运动员观察其他领域的运动员，时装设计师不停地欣赏其他服装，作家不断地阅读书籍……换句话说，创造者经常在消费，但他们是有意识地在消费。

所有的创新实际上都源自这个始于批判性消费的持续循环。在这个过程中，创造者会提出问题、寻求新的想法、策划信息，并琢磨自身技能的提升，所有这一切最终驱动了灵感的产生。这种灵感可能是融合多种想法的长处，但也可能是对一个已知的问题提出一个全新的研究视角。在通常情况下，创造者可能会进行计划和设计，但有时也可能会实践或做实验，所有这些尝试最终将触发创造性的工作。然后，从全新的角度，解决一个问题或创造一个全新的产品……随着创造的数量增加，创造者对自身技艺的了解越发深刻，从而推动更深层次的批判性消费能力，进而找到更多创新的灵感，如此循环往复，不断推陈出新。

在强调消费与创造之间的联系时，斯宾塞特意提到“批判性消费”，这表明任务或活动中存在获取信息的内在动机。当被动的消费意味着在较低的

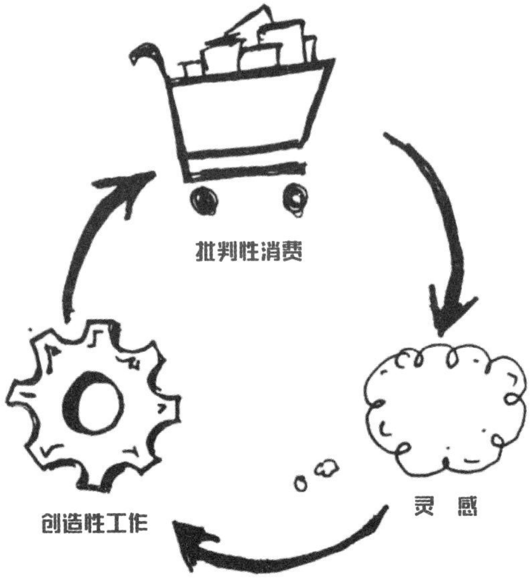

图片来源：约翰·斯宾塞，作家、教授。

驻足反思

在你的课堂或学校里，批判性消费是什么样的？如何在掌握这些信息的基础上，开展更深层次的教学和创新？

层次上增加先前已经掌握的基本知识时，批判性消费在这个过程中具备主动的、发人深省的特点。

所有的学习都需要具备一定的储备知识作为基础，认识到不同的学习者可能在前期知识的掌握程度上存在差异，也是实现真实性和个性化学习的重要方面。因为每个学生在走进教室时，可能都带着独特的背景和对任何全新内容和知识的不同理解。我们的感官让我们能够以各种方式消费信息，并为不同的学习者创造不同的体验。当多种感官能够同时参与新信息的接受过程时，学习体验就能够得到优化，并使教师所提供的内容更具备亲和力，使学习者能够保持更长时间的理解和记忆。

想要围绕新信息和新思想创造真实性和个性化的学习机会和更深刻的学习体验，学习者必须与提供给其消费的各类信息进行互动。要让学习者有机会就新信息产生独有的灵感，让他们能够进行灵活的探索、更新并找到适合自己的理解和发展路径，让学习者充分掌握自主权，帮助他们从批判性的消费，转向真实的创造和设计，在此过程中投入的时间和精力都是值得的。

不妨一试

- 在分享新内容后，为学生提供充足的时间，让他们使用自己选择的方法探索全新的材料。
- 促进“批判性消费”，教会学习者如何分析和评估接触到的信息。

这是一项重要的生活技能，应该针对任何年级的学生进行培养。

- 帮助学生思考自己所使用方法的效度，分析各项活动花费的时间，包括：低层级内容消费、批判性消费和创造。
- 改变传统的内容传递方式，鼓励学生通过自主探究和探索进行信息的消费。
- 将技术使用的重点放在探索、设计和创造上，而不是过度消费内容上。

设置灵活的进度和探索路径

人生充满了各种各样的选择：从我们起床那一刻到睡觉前的时间内，我们会有意识地做出各种各样的决定，有的决定很大，有的决定很小。有人估计，一个成年人平均每天要做三万五千个决定。当学生每天进入教学楼时，他们做出的决定的选择数量，是增加还是减少？为什么会这样？

实践出真知

打造一个创造者空间！从帮助学生理解“创造”的含义开始着手。围绕创造的理念进行教学的规划和设计，确保能够融合建设性的学习理论，充分释放学生的创造力，并运用创新的工具和创造者的项目理念！

——劳拉·弗雷明，
新泽西州高中图书馆管理人员

随着我们对学生的学习方式和人脑功能的逐步了解，“整齐划一式学习模式”越发显得过时。强迫所有学生以统一的步调，通过同一条路径，长时间地“学习”，可能是危害性最大的教育方法。不幸的是，几个世纪以来，它仍然是最常见的学习模式。

幸运的是，现在大部分的教育结构和体验已经开始转变核心价值观，比如将重点从上课时间转移到有效的学习上。在这些环境中，学习者能够根据他们所知道的东西来推进学习的进度，而不是根据他们在学校的教室内花费了多少小时。有些地方已经全力以赴，取消了年级的分类，并根据学生对技能的掌握程度来决定学生是否可以进入下一阶段的学习，因为学生们不再是根据年级来分组工作，而是根据能力、性向和兴趣。推行这些实质性的变化需要时间，需要在思维方式、结构和高层政策上有重大转变。

从一个狭义的层面来看，教育界经常围绕如何让学生“按照自身的节奏进行学习”展开讨论，即让学生不再将大部分的教学时间花在倾听教师向整个班级传授的内容上，而是用在以最适合自己的节奏发展技能、探索新信息上。这些理论听起来十分美好，但在实际操作的时候却遭遇了很多困难。首先，在制定了严苛教学进度的地区（有些地区的进度甚至精准到课时），这种程度的自主性和决策水平是不可能实现的。**但为了确保真实性和个性化的学习，我们必须要尊重学习者的差异，给予他们发展自身所需的空间和灵活性。**

每一位教育工作者都知道，不同的学生有着不同的学习进度和速度，有着不同的学习方法，需要不同的支持来帮助掌握概念和技能。那么，对于那些完全不符合“标准学习者”定义的孩子们，教师们能够如何通过灵活的进度和不同的发展路径，为他们提供自然而真实的学习方式呢？

1. 充分利用适应性技术。技术的进步使得独特的学习进度和灵活的发展路径更加可行。通过这些类型的软件，让已经对每个技能领域都十分熟练的学习者，可以选择加速学习的步伐，并最终超越年级的平均水平，快速进入更高层次的学习。对于那些需要额外支持的人来说，这些技术也能够帮助降低材料的难度，同时通过更为明确的指导来帮助构建相关概念，让学习者有机会继续学习并巩固已经掌握的必要概念。然而，最重要的是，教育工作者要明白，真实性和个性化的学习并不等于将学习者整天放在设备屏幕后面。这些自适应技术正显示出巨大的前景，可以成为支持学习的强有力的补充工具，但不应该成为长期的主要授课方式。

驻足反思

你通过什么方式利用技术来促进学生灵活的学习路径和学习步伐？

2. 混合式教学。如果实施得好，混合式教学可以让学习者对学习的节奏、路径、时间和地点有一定的控制权，因为它是为学习者设计的。混合式教学可以让学习者通过在线学习提前接受一部分教学内容，剩余的内容将通过更传统的面对面授课的方法传授。在教学过程中，技术含量高并不等于混合式教学，除非学习者对工作地点、时间和方式有一定的控制权。在许多课堂上，学习者可以使用各种技术工具来为传统的教学提供支持和强化，然而在混合式教学的环境中，这些设备通过给予学生在教学过程中的选择和自主权，使学习更加个性化和真实。混合式教学也可以发生在学生需要在家利用远程教学接受教育的情况下，并同样可以帮助学生建立独有的专属学习路径。

看看这个案例：

艾迪森·托马斯女士是四年级的老师，她使用Google Classroom来给所有学生发布作业，因为每个学生都配备了专属的教学设备。在阅读课上，艾迪森老师会带领学生使用电子设备，阅读提前上传的故事，然后要求学生使用Google Docs在线文档，写下关于所读内容的一段描述，并使用数字形成性评估工具来展示学生对故事的理解。

在这个案例中，教师的名字是虚构的，但她的操作是真实发生的，这是否可以被视为混合式教学？不能。它的技术含量高吗？高！在上面的例子中，传统的教学流程披上了数字化的外衣。但从教学的角度来看，与利用纸笔的传统方法相比，教学的操作本质上没有任何变化。如何真正地让学习者自主决定学习的地点、时间和方式，确保真实性和个性化的学习，并产生更多的混合式教学的体验，最终帮助学生发展出自主学习的能力，我们将在最后一章中对此进行深入的探讨。

3. 基于项目的学习。基于项目的学习通常也被称为PBL，它使学习者能够积极探索现实世界的问题和挑战，并借此获得知识。这些真实性和个性化的学习体验的目标，是让学习者沉浸在他们将在现实生活中面临的问题和挑战中。使用这种教学方法，学习者可以通过长时间的工作来调查和应对真实的情景和挑战，从而获得技能。这与传统的教师指定的项目式学习有着本质的区别。教师布置的项目重点关注的是最终的成果，而基于项目的学习则侧重于过程和持续的探究。基于项目的学习体验是以学习者为中心的、个性化的、真实性的，并为学习者提供了独特的学习路径、节奏和最终的个性化体验。

看看这个案例：

莱利是当地高中十二年级的学生，他选择的项目是：研究污染对当地社区农田的影响。在整个学期中，莱利与当地大学的教授、地区气象频道的员工和当地农民合作，调查了当前的污染水平及其对当地种植的农作物的影响。在学期结束时，莱利将会提交调查结果，其中包括如何为社区的当地农场提供支持等方面的可行性建议。

他开展的项目可以被视为基于项目的学习吗？答案是肯定的。学习者在研究一个本地的、现实世界的问题时，将获得深层次的相关知识和背景知识。学习者将对学习的速度和路径有很大的自主权，并将在整个持续的探究体验中学习和掌握一些解决生活中的挑战的方法。虽然这个项目持续了近一个学期，但我们要注意的是，基于项目的学习其实可以在更短周期内展开。

再看看这个案例：

在学习关于概率和统计的单元内容时，教师为学生们提供了各种各样的主题来探索。林妮刚刚通过了驾驶考试，因此她选择了探索关于短信和驾驶的问题。然后，她研究了现实世界中的问题，强调了与研究问题相关的数学知识，并将研究结果向同组的成员展示。这种类型的经历让她在探索相关兴趣的同时，还能了解所需的概率和统计学知识。

驻足反思

在你的课堂或学校中存在哪些类型的真实世界的学习体验？

充分利用适应性技术工具，和提供混合式或基于项目的学习体验，只是学习者可以自主控制学习节奏和路径，确保更多真实性和个性化学习体验的几种方式。当教师选择将部分的控制权交到学生手上时，他们必须先明确界定规范，经常检查学习者的进度和表现，并设定最低的进度预期，因为自定学习的进度和节奏不意味着毫无进度或节奏。当我们赋予学生更多的权力，让他们对学习的节奏和路径有更多的控制权时，我们就可以提高学习的相关性，帮助发展学习者的自主性，提供更真实的反馈，并为我们的学习者创造更有意义的、真实世界的体验。

不妨一试

- 提供大量的学习资源（包括电子版和纸质版），并鼓励学生在整个课程或单元中选择最适合自身需要的资源。
- 使用诊断性评估，与学生一起反思学习的结果。让学生根据最初的评估结果设定个人目标，并规划掌握所需技能的路径。

- 允许学生跳过那些测量已被掌握技能的评估。
- 充分利用自适应技术和数字内容的组合，让学生开展课后补充性学习。他们可以在学习过程中自主决定使用哪些资源。
- 针对某个特定的学习结果设计各种活动，让每个学生选择最适合他们的活动。在每个选择中，嵌入不同的形成性评价方法。
- 采用翻转课堂的模式，提前录制部分教学内容，让学生在家观看。第二天，让学生从各种学习活动中选择适合自己的活动，并与教师进行会谈，深入了解并最终展示他们的学习成果。（注意：在要求学生使用网络教学资源之前，要确保学生有家庭宽带接入的条件。）

提供具体且真实有效的反馈

> 言语是人类可以利用的最强大的力量。我们可以选择鼓励的话语，建设性地发挥这种话语的力量；也可以选择用绝望的话语进行批判，摧毁学生的自信。言语具有能量和力量，同时具备了帮助、治愈、阻碍、伤害、损害、羞辱和谦卑等“双刃剑”效果。
>
> ——耶胡达·伯格

真实的反馈是学习过程的核心。学习者需要在他们的优势领域得到肯定，也需要在他们的不足的领域得到指导和支持。你是否还记得自己在学习的过程中，经历过收到极少反馈的情况，比如在你的论文上面写上“很好！”这样的评语，或者在你的论文上面只写上一个字母等级，比如B？你是否还记得，你花了几个小时写作业，却只得到了来自老师的一个对钩？你觉得这些反馈对你有帮助吗？它是否肯定了你的努力？它是否肯定和鼓励了你的学习成就，同时建设性地帮助你变得更好？当然没有，我相信这样的经历或许我们都曾体会过。

驻足反思

你在什么时候遭遇过几乎没有获得任何反馈的情况？在遭遇这种情况时，你的感受如何？

实践出真知

下面的几个步骤，能够确保基于项目的学习得以实现：

1. 向学生展示不同教学标准之间的关联；

2. 不要单纯地在既定教学规划中添加全新的项目，而是将项目与现有的教学规划有机结合；

3. 评估学生实施项目的过程（有时候可仅评估项目的最终成果）；

4. 学生将会创造和设计什么样的产品，服务什么样的人群？他们这么创造和设计的理由又是什么？

5. 身为教师，你能够为项目提供什么支持和指导？

朱利安尼，

宾夕法尼亚州学习和创新中心主任

当教师能够为学习者提供有用的、相关的、真实有效的反馈时，真实性和个性化的学习过程就能够取得最佳的效果。很少或几乎等于零的学习反馈将会导致学生停滞不前，具体的、支持性的、真实的反馈与建设性的成长理念都有助于推动学生的全面发展。

新西兰的研究者约翰·哈蒂以其对课堂上250多个变量的“效应大小”的研究和分析而闻名于世，其中当然包括反馈的各个方面，因为它关系到对学习者成长的影响。在2018年《教育周刊》的采访中，哈蒂表示：**“关于反馈的关键问题是，反馈能帮助学习者们意识到自己到底不了解什么，掌握了什么，以及他们未来的发展方向又是怎样的。”**这个关键的问题直接决定了为什么有些反馈能够取得极佳的推动效果，而很多反馈却没有任何效果。

进一步分解哈蒂的研究成果，我们可以发现一些关键的思考问题，帮助我们为学生提供有意义的、真实的反馈。教师们可以在日常教学中反思下列问题：

- 反馈如何帮助学习者更好地理解他们所知道的东西?
- 反馈如何帮助学习者理解他们不知道的东西?
- 反馈如何帮助学习者了解下一步该做什么?

哈蒂的见解帮助教育工作者关注反馈对学习者最有意义的方面。**个性化的真实反馈不仅能够为学习者提供很多好处，并且必须与该学习者在该时间点的具体学习情况有关。**它应该是及时的、持续的、具体的，并且可以以各种方式进行。花时间对学生进行真实的反馈，是教师必须完成的工作职责，同时也要求学生进行有意义的反思。对于教师来说，花费大量时间和精力提供的反馈，最后却被学生丢进垃圾桶，可能是这个世界上最令人沮丧的事情了。那么，教师如何才能最好地提供真实的反馈呢?

1. 将反馈与明确的标准相结合。我们或许都有过这样的经历：在收到反馈时根本不知道被反馈的内容是什么。因此，只有当学习者具备了明确的学习目标，并了解学习的标准时，反馈才会具备真实性。

2. 要确保及时性和相关性。现如今，国家主导的标准化测试的一个显著缺点是，往往需要几个月的时间才能提供反馈。而当反馈到达时，学生已经进入下一个年级学习了。当新学年开始近半年之后，老师们可能也会感觉来自上一年的教学反馈已经用处不大。这又能怪谁呢？对我们的学生来说也是如此。如果教师们不仅很少提供反馈，且反馈往往是在几周后才提供，那么反馈不能产生任何的促进作用。

3. 注重形成性反馈。形成性反馈具有双重目的，如果利用得好，它可以为学习者和教师提供支持，学习者可以得到具体的成长想法，而教师则可以更深入地了解在这个过程中应该在哪里投入更多的时间和精力。

4. 具有可操作性。反馈应该能够帮助学习者了解下一步该做什么，或者具体如何改进。具体的反馈将自然而然地创造出进步的行动步骤和明确的方向。

5. 创造一个安全的反思空间。学习者需要一个反思和建立信任的空间，以确保来自教师的反馈能够支持学生的发展和成长。我们都曾见过没有做好的学生，因为羞愧或害怕别人看到的尴尬，很快就把作业放在课桌里，没有仔细地阅读和反思来自教师的反馈。为学生创造一个安全的空间，让他们能够进行反思，并与老师进行个人的、安静的对话。这可能很难实现，却又是

驻足反思

你曾经为学生或员工提供过哪些最有意义的反馈？你如何确定这些反馈具备意义？

教师必须要考虑的事情。

与学习者所理解的标准保持一致的、及时的、相关的、具体的和可操作的反馈，能够使学习者进行反思，并为他们的成长提供机会。而真实性和个性化的学习能促进这一过程。

不妨一试

- 给予反馈时一定要参考具体的技能或知识库。反馈越是具体，学生的可操作性就越强。
- 充分利用各种形式的反馈，如书面和口头反馈，使用视频采集的形式，以及艺术品和作品集等方式进行反思，以记录学生们随着时间推移的成长过程。
- 庆祝学生的进步和成长。如果教师能够每天抽出一点时间打一两个家访电话，向家长汇报学生在某一两个方面的进步或成长，长此以往，你的班级文化会有什么变化？
- 举办一对一的

实践出真知

要确保反馈的客观性，不要带上个人的偏见或感情色彩，不要以“我喜欢……”或“我欣赏……”等表述作为反馈的开头，应该以想要强调的技能领域作为重点。要确保反馈与成功的标准挂钩，这样学生就能够明白自己距离真正的掌握有多远，或在哪些地方需要继续提升。同时，要在反馈中提供改进的方法或建议。切记不可仅指出错误的地方，然后让学生自己去琢磨如何改进，因为大多数时候他们根本不知道要怎么做！

——斯塔·萨克斯坦，

纽约市教育专家

会议。虽然在中学阶段，由于学生人数较多，实施一对一交流的挑战性较大，但任何与学生一对一交流的机会都可以促进他们的成长。

- 与所在年级或部门的同事合作，刻意给所有学生布置同样的作业，以你通常的方式提供反馈，并与同事一起反思你提供给学生的反馈，与他们提供的反馈之间，存在哪些异同之处。

- 建立一个围绕同伴反馈的课堂惯例。使用诸如“我喜欢的三件事、我想做的一个改变和我有的一个问题”（或类似）的流程，帮助学习者分析他人的学习成果，同时反思自己的学习成效。

延展阅读

《终身学习：让学生在未来拥有不可替代的决胜力》

中国教育新闻网2020年度影响教师的100本书之一。人类社会正在经历前所未有的巨大变革，未来是极为不确定的，为了帮助学生为崭新时代的到来做好准备，我们需要从根本上重新思考学习。本书作者深入研究高效的教学策略，整合创新技术、教学实践和学习环境设计，为教师提供了关于全速迈入“终身学习”时代的教学指南。

第6章 利用教学工具和空间实现最佳学习效果

> 教育科学是驱动力，而技术则是加速器。
>
> ——迈克尔·弗兰

2002年春天，在我任教的第二年，我班级里的每个学生都拥有了现代化的教学设备。没错，早在2002年，我们就实现了教学设备的全员覆盖。

当时最先进的教学设备就是掌上电脑，不知道有多少人还记得那些东西？

虽然现在听起来很滑稽，但掌上电脑的确是数字化教学的开始。那是学生们第一次有机会接触到一种可以拍照、创建数字故事，并在学校和家里来回“传送”信息的学习工具。

在2002年，这些设备不仅是先进的、值得炫耀的，还被视为课堂上数字化教育技术的黄金标准（特别是当彩色设备出现的时候）。

试点项目开始几周后，我开展了一次有计划的正式观察。像其他老师一样，我想给校长留下深刻印象。由于知道校长哪天会来听课，所以我对课程进行了深思熟虑的规划，并提前设想了学生的参与度。我打算全程使用炫目的数字化教学技术，因为我觉得这会给校长留下深刻的印象。

驻足反思

你最早在课堂上使用数字化教育技术是什么时候？在这个过程中，你学到了什么？

在讲述这个课堂观摩的故事之前，我有必要强调一下，我的校长本身是一个值得钦佩的教育领导者。他引领整个学校建立了一种创新文化，并推动所有的教师和学生去冒险和尝试新事物。他鼓励我们跳出既定的条条框框，为孩子们做不同的事情，并在这个过程中起到了以身作则的示范作用。此外，他也不拘泥于烦琐的事务，始终专注于高质量的教学。他理解作为一个领导者的真实性和个性化的含义。

第二周很快就到来了，我也为课程做好了充分的规划和准备。那是一节30分钟的拼读课（不要鄙视我的教学内容选择）。在简述了掌上电脑的学习预期和即将使用的软件之后，我们就进入了授课环节。在整节课大部分的时间里，学生们都与同伴通过掌上电脑练习个性化的单词拼写。一个学生需要读出另一个学生写出的单词，并通过掌上电脑自带的涂鸦程序将这个单词拼写出来，然后将答案传给对方，请对方检查拼写是否正确。

整堂课下来：

- 每个学生都很投入。
- 当老师提出问题时，几乎每个学生都举起了手。
- 每位学生都很认真，并按照我的指导进行学习。
- 我的教学计划得到了完美的执行，似乎精确到分钟。

- 学生一直在使用先进的数字化教学技术。

30分钟后，彼时只有23岁的我自信而骄傲地结束了这节课。我宣布下课并让学生到教室外休息一下。完全按照计划执行了教学规划让我信心十足，并且很高兴看见校长比尔全程见证了我的教学创新实践。

第二天，我兴致勃勃地走到比尔先生的办公室，参加课堂观摩后的讨论会议。我很兴奋地期待他对于前一天课程的赞美。

我现在依然清晰地记得整个谈话的内容，就仿佛它发生在昨日。因为这一次谈话从根本上改变了我对于教学辅助技术及其在教学中发挥作用的看法。我在办公室里坐下之后，校长一如既往地欢迎了我的到来。正如我在前面提到的那样，比尔校长创造了一种人人都想要承担风险、敢于尝试的校园文化。比尔看着我，问："汤姆，你觉得昨天的课上得怎么样？"

我记得自己当时非常兴奋，迫不及待地分享自己的激动之情："嗯，我认为课程进展十分顺利，学生们的参与度达到了100%，并且我全程都利用了教学新技术。教学方案的执行程度也很高，几乎精确到分钟。孩子们全程都在按照指示参与活动和完成任务。坦白说，我很满意这堂课的执行情况。"

他看着我，微笑着说："那么，汤姆，你制定的学习目标是什么？"

我开始说："我们想用掌上电脑来……"

他打断了我："汤姆，你制定的学习目标是什么？"

我以为他没听清我刚说的话，于是再次重复"我们想用掌上电脑来……"

他再一次地打断了我："汤姆，我可能要追问这个问题，因为每次我问你学习目标的时候，你就开始谈技术。"

额，他说的没错。

比尔接着问："汤姆，你觉得孩子们真的参与了吗？他们肯定有部分参与，但真的如你所说达到100%了吗？或许是吧。但这种参与度实际上是在做一些很低水平层次的学习任务。你的课堂管理做得是不是足够好？我认为的确很好，但孩子们实际上学到了什么呢？”

我记得自己瞬间感到十分羞愧，因为我洋洋自得的，不过是长达30分钟的低水平层次学习，而且学生们还不一定学到了东西。

比尔继续说：“我认为你之所以这样设计课堂，是因为你觉得技术可以帮助你实现一些东西，而不是因为这是学生们进行学习和掌握知识的最佳方式。那么请你想一下，如果没有炫目的高科技产品，你请学生们分组坐下来，只用传统的纸笔，是不是同样能够在六七分钟内完成你所设计的教学内容？”

啊，比尔说的没错。我的确是过于专注技术的使用和炫耀，使用数字化教学技术成了我的主要教学目标，而不是学生们真实的学习成果。

驻足反思

你是否有过类似的经历？你是否也曾经创建过类似于专注技术的运用，反而忽略了真实学习目标的课程？你在这个过程中学到了什么？

但也请大家不要误解我的意思，我并没有因为这次的观摩谈话而丧气，也并没有在结束谈话时感到自己很失败。我在离开时，内心充满了接受挑战的激情，想要再次尝试的勇气，并设定了以学习成果而非技术应用为导向的教学目标。这是校长给我进行的无数次观摩谈话中的一次，却起到了改变我个人职业生涯的作用。它帮助我以不同的方式看待事物，并最终改变了我的教学方法。它强化了我做得很好的事情（课堂管理），也点出了我需要成长的地方（心态、愿景和保持对学习的关注）。

技术只是教学的工具，而不是学习的目标

今天，在全球各地的教室里，可以看到数以百万计的Chromebook、iPad和个人电脑。在过去的几十年里，技术发展的程度已经让我职业生涯初期使用的设备看起来像儿童玩具一样。然而，我多年前作为一名年轻教师所学到的教训改变了我的心态，帮助我理解了教学重点。对现代社会的教师来说，我在那次经历中收获的经验同样是适用的，而且他们可能比以往任何时候都更需要这种经验。

驻足反思

你是否获得过类似效果绝佳的课堂观摩后督导谈话，并改变了你的教学思维方式或教学实践？为什么你认为其效果很好？那次谈话如何帮助你向员工或学生提供真实的反馈？

当今的社交媒体都在鼓吹无纸化的好处，各行各业都在歌颂“这个改变游戏规则的工具”，并广泛传播那些不得不用的神奇新应用。然而，最重要的是，无论媒体如何美化，某样东西在社交媒体上的流行，并不意味着它适用于你的课堂或能够确保带来正确的学习体验。

我们永远不能像多年前的我那样，忽视技术在课堂上作用的最终目标。我们始终要记得将其视为教学的工具，一个强化和优化教学效果的工具，而不是最终的学习目标。应用程序、工具、设备不会成为游戏规则的改变者，不能给学习者带来颠覆性的进步。学习者能够利用学习工具做什么才是真正有效的，并最终能帮助学习变得更加个性化和真实。

技术本质上只是一个放大和强化教学效果的工具。当其能够与高质量的教学实践相结合时，它可以加速和推动真实性和个性化的学习体验。然而当

其与不良的教学实践相结合时，它也会加速失败的进程。教师和教学实践才是真正能够改变学习效果的因素，技术不是！

> 技术将永远不会取代伟大的教师，但技术在伟大的教师手中却可以起到变革作用。
>
> ——乔治·库罗斯

我们需要停止对低层次学习的迷恋，和在低层次层面上大量运用技术进行教育的实践。我们要充分意识到，技术是一种教学工具、教学支持和教学效果的放大器。就像建筑工人不会刻意美化使用的全新工具，只会庆祝项目的实际进展那样，教育领域的技术和工具运用的目标，也应该是确保服务对象能够取得预期的学习效果。在督导教学的过程中，重点强调“教师在上课时使用了技术”并提供误导性的反馈，可能会在无意中肯定和强化教师这种低水平的教学实践。

实践出真知

技术能够帮助我们营造一个安全的学习环境，帮助所有学生自由地表达他们的意愿，建立自信。有些学生天生喜爱表达，善于表达，但也还有一部分学生需要更长的时间和更大的空间来处理和消化信息，然后才能够参与对话。通过运用正确的技术工具，我们可以重构课堂讨论的模式，让所有学生都能够拥有表达意见的平台和空间。

——斯黛西·罗珊，

马里兰州高中教师，创新和教育技术主管

技术工具的利用肯定可以放大和强化真实性和个性化的学习体验，然而我们应该继续关注并以学习者为中心，以期取得预期的教学成果。而不是像我多年前坐在校长办公室里那样，全身心痴迷于最新科技在课堂上的炫耀。

驻足反思

回想一下你是否经历过在课堂上使用了技术，却没有取得预期效果的情况。你从这次经历中学到了什么？然后反思你曾经在技术的帮助之下，为学生提供了真实性和个性化学习体验的经历，并总结经验教训。

学生们拥有的屏幕时间也是不平等的

似乎每一年关于学生们使用电子设备的时间的争议都会登上新闻头条。总部位于美国的非营利性媒体常识传媒（Common Sense Media）估计，如今的美国青少年平均每天花9个小时上网，而8~12岁的孩子平均每天上网时间为6个小时。

这些数据是否让你感到不安？作为一个父亲和一个教育工作者，这些数据令我十分担忧。

然而，就像任何统计数字一样，我们需要深入研究数据背后代表的现象，而不是被其表明的数值吓到。这些时间是如何度过的？据估计，这些时间大部分都花在了Netflix和YouTube等应用上，主要是花在看电视节目、听音乐、发短信、玩视频游戏，以及使用Snapchat和Instagram等社交媒体应用上。这些被称为“被动使用”的消费型活动，通常具备极低的教育价值。这就是为什么，在学生使用电子设备方面，我们应该关注的问题是“用来干什么”，而不是“使用了多长时间”。

被动的、基于消费的使用，指的是用户在消费数字内容时，几乎没有思考，同时在进入下一个内容的消费时，仅涉及最低限度的创造力和低水平的互动要求。在课堂上，被动使用本身并不是坏事，然而，我们必须认识到，以这种方式花费的时间，最终会导致低层次的学习。我们在低级使用上花费的时间越多，就意味着在低层次水平学习上投入的时间就越多，在实现低层次水平成果上花费的时间也就越多。这就是为什么在有些课堂上，尽管实现了100%的内容数字化，但实际上是100%的低层次教学。然而，我们每天都能够看到社交媒体对这种类型的体验的美化。

同样重要的是，要认识到，过度消费技术会带来意想不到的后果和严重的负面影响。**如果使用不当，能使我们远距离保持密切联系的技术，同样会导致我们与近在咫尺的人产生隔阂和距离。**以消费为基础的信息收集本身是必要的，但技术的过度消费反过来又会让我们与周围的人失去联系。

驻足反思

在你的课堂或学校中，基于消费的技术使用是怎样的？你怎样能将这一战略提升一个层次，以促进更深层次的学习？

将消费型使用与需要线下参与和更深层次的认知思维的任务进行结合，就能够让任务变得活跃起来。主动的屏幕时间是具有认知性的，将驱动更高层次的相互作用，并能带来更深层次的学习成果。任何一个教育工作者都知道，大多数孩子都会对基于活动的节目作出反应，这些节目通常是有趣的、互动的，并且有实时的、有意义的反馈。这就是为什么编码、创建数字媒体或全球互动等活动是有效的教学辅助活动，因为这种类型的使用，可以利用孩子大脑的创造性，促进更深层次的学习成果。

消费YouTube视频内容是低层次的，但创建YouTube视频可以是高层次的。

消费数字音乐是低层次的，但创作数字音乐可以是高层次的。

消费数字工作表是低层次的，但创建数字模拟或与专家实时互动可以是高层次的。

需要指出的是，看视频、听音乐、在设备上做选择题本身并不是坏事。学生可以从中学习，我们在课堂上有时也会设计这类活动。我们只是要清楚运用数字技术后学生们的学习水平，并调整我们对于这些活动可以带来的成果预期。

驻足反思

在你的课堂或学校中，大多数的技术支持教学时间是如何规划和使用的？

在课堂上，我们可以在几乎没有运用任何新技术的情况下，实现突破性的创新，也可以在所有最先进的技术和工具都唾手可得的情况下，遵循传统的教学核心模式。仅仅因为老师把教学内容从纸质版的教科书搬到了电子化的数字文档，或者从铅笔搬到了设备上，并不意味着学习体验就会更好。我们不能指望仅仅通过将原有的教学内容和操作数字化，就期待颠覆性的学习成果提升。做着同样的事情，却期望得到不同的结果，本质上就是疯狂的幻想。我们的当务之急，是要关注学习体验的深度，就像我的校长跟我强调的那样，在设计学习者体验的时候，关注学生的学习需求和目标，而不是专注于工具的使用。

技术的应用不等于创新。改变教学实践，利用技术来支持比传统的教学模式更个性化、更真实的学习体验，才是推动教育变革的关键。这种对技术的主动使用，会促进真实性和个性化学习的产生，而基于内容消费的被动使

> 在课堂上，我们可以在几乎没有运用任何新技术的情况下，实现突破性的创新，也可以在所有最先进的技术和工具都唾手可得的情况下，遵循传统的教学核心模式。

用则不会。技术的好坏取决于使用者的体验。

下面，让我们深入了解一个技术运用的具体案例，其中所涉及的工具在过去几年中一直是一个热门趋势，即3D打印机。相信大部分人都认同，3D打印在教育领域的运用得到了很多人的推崇和欢迎。3D打印无疑是当下最热门的一个潮流，随便打开新闻或媒体应用，浏览当前的信息，就可以很轻松地发现无数的社交媒体使用者上传了最新、最酷的打印成品，并贴上了一些创新代名词的标签。在很多时候，社交媒体的宣传者会鼓吹自己的创新理念，吹嘘这个技术如何改变了其所在行业的游戏规则，或3D打印机如何“彻底地变革了学习的模式”。继续观察下去，我们很容易就能够明白为什么有人会认为只要使用了3D打印机，就能够取得课堂、学校或教学区的蓬勃创新发展。但归根结底，使用3D打印机并不能使人创新。

虽然3D打印机可以为学生提供高水平的真实性和个性化的学习体验，但它们也可能是对金钱和有限教育资源的巨大浪费。

我经常到各个地方出差，并且大部分时间都在与不同的教育工作者打交道，我在学校里看到了四种常用的3D打印机。我将在下文中列出这些打印机的名称和特点，以及它们的成本、利用率和投资回报率（ROI）——教学回报率的简要参考。

1.“万能”（The Bandwagon）打印机

你可以在一公里开外就看到这些打印机，因为它们身上往往还残留着剪彩仪式上的物品。走进这些打印机存放的房间，你能够感受到它们运抵那一刻造成的轰动效果。它们一开始或许会赢得教职员工们的惊叹和赞美，因为以前没有出现过这种事物。但在几个月过后，很少会有人来使用它们。

成本：高。

使用率：先高后低。

教学回报率：最低。

2.“实验鼠”（The Guinea Pig）打印机

这些打印机通常出现在一个特定的教室里，或者在99%的时间里（或100%的时间里）只有一个人使用它。这些特定的打印机经常被使用，生产材料也经常被回购。那还有什么问题？最大的问题就是，这些打印机是成年人的玩具，而不是学生学习的工具。在这些打印机附近，你会注意到下载好的最新酷炫打印的说明，打开的浏览器会让你看到从网上复制粘贴3D代码的地方，一杯已经放了几天的咖啡，附近的架子上摆放着无数随机的各种颜色的3D打印物体。就像小学课堂上的豚鼠一样，这些打印机经常会在周末被教职工带回家，这样他们的车库就可以被改造成个人的周末制造空间。这些“实验鼠”打印机的图片和它们一元店式的印刷品被贴满了社交媒体，伪装成对它们的创新体验的宣传。

成本：高。

使用率：高（尽管仅限于教职工而非学生使用）。

教学回报率：最低（有时为零）。

3.“一日游式”（The Pop Star）打印机

与第一种类型的“万能”打印机类似，这些打印机的抵达通常会伴随一个欢迎会或是教职工剪彩揭幕仪式。庆祝会之后，这些打印机其实也会被定期使用。那么问题是什么？学生的学习效果微乎其微，因为学生们大部分时间都在欣赏不经常有机会看到的3D打印机。有了这些3D打印机，全班学生可以到图书馆或制造空间进行实地考察。体验开始时，老师强调这是一个非常特别的日子，因为学生们可以“使用”学校的新3D打印机。在接下来的45分钟里，学生们会对打印过程赞不绝口。一旦完成，老师就会把新打印出来的狮子——或者该校专有的吉祥物——从打印机中拉出来，并把它高高举起。在这种一日游式的特殊体验中，学生能学到什么？除了3D打印机可以打印出比纸上文字更多的东西之外，几乎什么也学不到。

成本：高。

使用率：中等。

教学回报率：最低。

4.“最具价值型”（The MVP）打印机

最后，我们终于有了一台货真价实的打印机，而且是一台值得信赖的打印机。最有价值的打印机——被教职员工用于培养学生真实性和个性化的学习体验。这些打印机真正作为一个团队成员的角色，它们可以分享学习者完成的辛勤工作并作为回报，扮演了马拉松比赛终点线的角色。这些打印机可以成为整个学期中见证学生高水平真实性和个性化学习的奖杯，并带着随着时间的推移而留下的许多更新的痕迹。正在学校使用的“最具价值型”打印机是值回票价的，因为它们被视为学习的工具，而不是学习经验本身。

成本：高。

使用率：高（绝大多数时间由学生使用）。

教学回报率：中到高。

绝大多数3D打印机的学习都发生在设计和迭代过程中，而不是打印过程本身。我一直以来最喜欢的一个围绕有效使用教育技术的故事也分享了“最具价值型”打印机的力量，后来形成了颇具规模的“动手挑战”

（handchallenge.com）活动。要说明的是，“动手挑战”的故事不是关于3D打印机的，而是关于孩子们如何改变世界上其他孩子的生活的。这是一个关于学习者的故事，他们在老师的授权下，利用工具改变了世界，而且他们已经做到了。

驻足反思

你曾有过类似前述案例的教学经历吗？请反思一个你见过的用于非常低层次学习的工具，以及在其他地方用于更深层次的学习成果的工具。这两种经验之间的区别是什么？

克里斯·克拉夫特博士是一位来自南卡罗来纳州，有着丰富教学经验的教育家，也是“动手挑战”项目的创始人之一。他赋予学生解决问题的能力和他对学习的关注是所有教育者应该学习的典范，他也是激励学生实现“动手挑战”这一梦想的老师，现在有一千多所学校参与到了这项活动中。

下面的信息来自“动手挑战”官网：

这个项目的官方名称是“STEM先行课程”，但其目标是帮助孩子们找到兴趣和激情，从而推动他们的学业和生活发展。我们发明东西、我们解决问题、我们学习、我们有很多的乐趣。最重要的是，我们努力体现这样一个理念：生活不仅仅关乎自身。我们致力于解决社区和学校的问题，比如帮助那些没有双手的孩子。

《人物》杂志对此进行了题为“六年级学生为需要帮助的孩子制作3D打印的假手”的报道。文章说：“他们在用自己的爱心和热情为这个世界做一些伟大的事情。”

和无数的前辈教师那样，克里斯完全可以给学生布置常规的项目任务，

这个可爱的小男孩今天第一次乘坐飞机出行，这也让更多人关注到肢体残障儿童群体的存在。看看他利用3D打印技术获得的假肢多炫酷！

请他们利用全新的3D打印机，制作一些可以在当地一元店买到的小玩意。如果学生参与到整个实践和尝试的过程中，这样的活动设计也没错。他也可以像其他的老师那样，直接给所有的学生提供万年不变的打印指南，并指导学生通过下载和复制打印代码，然后打印出与历年学生没什么两样的东西。但克里斯选择了不同的做法，他鼓励学生们去自主探索、设计和创造，并希望他们的作品能够改变其他有需要孩子的生活，让我们的世界变得更美好。

真实性和个性化的学习体验是关于人、教学过程和教学法的。如果使用得当，技术工具可以放大这些经验，为学习者提供更多的机会和更深入的学习成果。诸如“动手挑战”这样的例子，反映了研究指出的有效实践，即学习者利用技术来探索、设计和创造。

那么，在你的课堂或学校里，技术是怎样被使用的？大部分工具的使用是主动还是被动的？学生是否真正地利用科学技术来探索、设计和创造，还是只是在被动消费？

现代技术工具的发展令人惊叹，因为很多的技术工具的确使教学实践变得更加高效和有用。但我们也必须同时确保学习体验的高效性和有效性。

过度使用技术的消费 VS. 基于技术的探索、设计、创造

不妨一试

- 通过鼓励学习者根据自己的学习目标选择合适的技术工具，来充分尊重学生的意愿和需求。在低年级时，可以让学生选择一些他们以前使用过的工具，来展示他们的学习过程和成果。
- 利用数字工具即时生成形成性评价反馈。实时征求来自学生的反馈意见，能够让教师在教学过程中获得必要的数据，并在需要时进行教学规划的调整。
- 专注于已经可以熟练使用，并可以实现预期学习成效的少数技

实践出真知

作为一个尝试在教学过程中使用现代化技术和工具的教师，我们或许很容易就会过于专注使用技术或工具来［干什么］。因此，为了充分利用技术实践的时间来取得最佳的效果，我们还需要专注于［为什么要使用］，并反思这些工具的使用，是否真正地提升了学生的学习体验。

——卡尔·胡克，

教育家

术工具。而不是试图同时尝试多种不熟悉的技术工具。对技术工具的熟悉程度，对学生的熟悉程度，能够帮助节省花在学习如何使用工具上的宝贵课堂时间。技术工具的使用贵在精而高效，完全不必贪多。

- 请持续思考以下问题：

1. 你所使用的技术工具是如何加速学习的？

2. 该技术是否增加了完成既定学习内容的时间？如果是，学习时间的增加是否值得？

3. 该技术是否使教学过程更加高效，最终节省了教学时间？如果是，你将如何充分利用已节省的时间？

打破教育壁垒，实现教育公平①

> 一视同仁和区别对待一样，有时候都会造成教育的不公平。
>
> ——金怡雷·克伦肖

对于部分学生来说，能够强化学习效果的工具唾手可得；而对于其他学生来说，公平的获取教育资源的机会本身就是难以逾越的鸿沟。

造成教育不平等的原因非常复杂。对于一些学习者来说，这可能意味着缺乏接受特定课程教育的机会，因为在贫困地区的学校，可能很难提供超出国家规定标准课程之外的辅助或补充性课程。对于其他人来说，教育不平等可能意味着缺乏所需的技术资源和工具。对于一些学生来说，教育不平等可能意味着，由于所处地区偏远或较低的社会经济地位，导致缺乏接受教育的

① 此节内容由教育公平倡导者肯·施尔盾和本书作者共同撰写。

机会。例如，在很多农村或偏远地区的学校，往往缺乏足够的师资和教育资源，难以现场提供类似的实践和学习机会。在其他情况下，缺乏早期接触此类教育资源的机会，或缺乏与家庭教育的联系，可能会阻碍学习者获得平等教育的机会。

论及教育平等性和教育差距时，我们需要探讨的领域可能还包括：多样化的课程设置、课程涵盖的广度、学生是否有机会获得丰富的项目和课外实践的机会，如参加竞赛等。例如，对于学校（尤其是处在偏远或社会经济困难地区的学校）来说，最难克服的一个障碍就是难以提供高级课程和实践的机会。在这一领域的差距，可能是由于各种原因造成的，例如缺乏教师，或具备资质证书的教师数量非常有限。然而，我们应该正面应对这些挑战，因为学校领导可以通过一些方法来克服这些挑战，并开始缩小教育机会的差距。例如，在高中，最有效的一个方法就是与大学联合，开发线上课程，这在节约成本的同时，也克服了地域偏远的限制。在美国的许多州，18岁以下的学生可以免费学习社区学院或大学的双学分课程。这对学校来说是一种可能的双赢方式，可以有效缩小教育机会的差距，让学生受益。在许多情况下，课程可以在网上学习，这有助于解决地理层面的障碍，一些学校免费提供这些课程，这有助于解决经济层面的障碍。这类解决方案的最大好处在于，通过这些课程获得的学分，有很大的概率可以直接转入任何学院或大学。获得和接触这些类型的课程，可以有效地拓宽学校或地区的课程，而不必探索其他的

驻足反思

在你的课堂或学校中存在哪些教育不平等的问题？你为那些在传统意义上被边缘化的学生群体做了什么，以帮助他们有更多接受教育的机会？

解决方案。因为其他类型的解决方案不仅难以实现，还有可能完全无法展开。

> **实践出真知**
>
> 想要推动真实性学习的实现，需要学生与他人建立联系，甚至是建立国际性联系，并在社交媒体上探讨对他们来说至关重要的主题，例如社会公平。教师可以充分利用互联网的技术和工具，来有力地促进真实性的学习，这样，学生们才会对他们即将生活的现实世界有一个清晰的前期了解。
>
> ——萨拉·托马斯，
>
> 教育博士，马里兰州地区教育技术主管

尽管计算机科学有效地支持了高水平的学习，并精准地预测了未来的就业市场，但在这一领域，也呈现了严重的教育不平等，尽管近年来差距已经显著缩小，但计算机科学领域的教育差异依然显著。黑人、拉美裔和其他来自边缘化社区的学生，在计算机科学领域拥有接受教育的机会和工作的机会要更低。但机会的差距不仅与种族有关，还呈现出性别的差异，因为女性在这些领域出现的机会也明显不足。

2016年，黑人和拉美裔约占美国劳动力的27%，然而在STEM相关领域的工作岗位中，黑人和拉美裔只占16%。根据皮尤研究中心的数据，当被问及黑人和拉美裔在这类工作中代表性不足的根本原因时，52%的STEM相关领域从业者指出，他们缺乏接受优质教育的机会，无法为这些领域做好准备，因此无法胜任相关工作。而45%的人则将这种差距归结为没有在幼年时被鼓励从事STEM相关学科。

不幸的是，对有机会报名并参加机器人竞赛、创新竞赛和设计竞赛等活动的人群分析的结果，与前述计算机科学领域的人口结构基本一致。许多已经在尝试克服地理和经济障碍的学校，往往没有条件支持学生团队参加这类比赛。如果比赛还需要长途旅行，那么这些地域和经济层面的差异又会进一步拉大。在这方面，学校领导层可以采取的一个潜在的解决方案是，向竞赛组织委员会寻求资助或其他提供奖学金资助的机会。竞赛主办方可以（也应该）尝试将竞赛赞助与一定比例的资金捐赠给有需要的学校，这些学校将从资金支持中受益，从而能够有钱选送学生参赛，这将激励这些学校鼓励学生参与，尤其是那些长期以来被边缘化的学生。这在很大程度上取决于学校和参与各方，是否有意愿消除学校和家庭中存在的任何教育机会层面的差距。

驻足反思

评估参加俱乐部、竞赛和其他类型课外活动的学生人口统计。是否存在某个特定群体学生参赛比例过高的问题？如果存在，你将如何解决？

此外，还存在“家庭作业的差距”——那些在家能上网的学生，和那些没有上网条件的学生之间的差距——仍然是一个很现实的问题。这个差距到底有多大？根据皮尤研究中心的数据，美国大多数有学龄儿童的家庭，确实拥有教育所需的宽带。然而，从统计数据来看，“大多数”也意味着有些家庭没有。美国约有2900万户人家有6~17岁的孩子，约有500万户有学龄儿童的家庭，没有教育所需的高速互联网接入。在这些统计数字中，黑人和拉丁裔家庭的比例最大。

无论是存在STEM相关课程开设方面的差距、获取多样化材料的机会有限、课外活动或课程作业机会极少，还是无法在家中获取教育所需的工具和资源等问题，我们从道德和伦理层面来说，都有义务尽一切可能为每一个学生提供支持，尤其是那些在过去被边缘化的学生。教师和行政人员如何才能

驻足反思

你的班级或学校中有哪些学生在家不能上网？你为他们提供了什么帮助或支持？

最好地支持这些学习者，使他们也能获得提供给他们更富裕的同龄人的真实性和个性化的学习经验？这可能很复杂，但本质上需要三个主要步骤：了解、行动和沟通。我们仅举一个例子，看看可以如何解决教育权益方面存在的差距和鸿沟。

1. 了解需求。在解决问题之前，必须充分了解需求。学校和学区领导可以先对学生的家庭情况进行保密调查，了解他们在家中获取教育资源的情况。作为教师，如果布置了需要学生联网完成的作业或任务，你必须确保学习者能够真正按要求完成。在课堂上，你有道德和义务，提醒那些在家里无法完成数字化东西的学生来找你，并为他们提供平等的机会。在更大的范围内，学校和地区应该利用各种方法来获得理解，并努力制订一个系统的行动计划，为有需要的学生提供支持。（注意：不要只问他们是否可以上网，如果可以，要问他们如何连接互联网。如果学生可以联网，但只有手机而没有电脑来完成作业，想必学习的体验也会大不相同。）

2. 按需行动。一旦学校和地区领导人了解到学生缺乏教育机会的程度，就有义务制定一个解决的方案，提供学生所需的工具和资源，或至少提供类似的学习体验。目前，许多学校正在利用EveryoneOn.org等资源，与企业、礼拜场所或当地市政府合作，在边缘化地区提供网络接入点。

3. 确保学生知道自己拥有机会。至关重要的是，要利用各种工具，确保学生家庭了解他们拥有的选择和机会——无论是通过家信、每学年开始时的登记表、打电话给那些尚未答复的家庭，还是在家门口提供所需信息——

在沟通过程中，教师需要充分了解学生的家庭情况，并对语言和文化差异保持敏感。如果学生的家庭不知道他们有可能获得哪些支持，他们就不会利用这些资源。

只有当学生拥有教育的机会，他们才有可能获得真实性和个性化的学习。当今的技术工具，为校内和校外的教学和学习，提供了令人难以置信的资源和便捷性。但我们同时必须意识到，教育机会方面依然存在差距，并需要努力为那些传统意义上被边缘化的学生提供必要的支持和帮助。身为教育工作者，我们在这方面的不作为，实际上会加剧教育的不公平现象。我们要确保教育公平，不仅仅是确认学生来校接受教育，而是要分析他们的独特需求，制订相应的行动计划，并按计划完成工作，确保能够为每个学习者都提供公平的学习机会。如果我们选择了逃避教育不公的问题，或不采取任何行动，那么只会进一步强化过去那种不受欢迎的教育模式。

实践出真知

缩小教育希望的差距！无数来自较差社会经济背景的学生，给自己设限，因为他们看到周围的可能性有限。可以使用视频交流作为一种改变观念的方式，让学生接触到他们邻里之外的人、地方和想法，使学生能够看到更广泛的可能性的例子。当有色人种的学生能够看到、参与并与看起来像他们一样的专业人士建立联系时，就能够产生强大的说服力。当他们看到与自己相似的人同样可以成为优秀人才的时候，他们才敢设想优秀的未来。

——威尔·德亚帕特，

教育学博士，密西西比州教学技术专家

优秀的教师会利用一切可用的工具和资源来强化课堂教学的效果。他们一直都在使用最新、最先进、最有效的技术工具和资源。当代社会的技术工具可以提供机会，使学习者的体验更加个性化和真实，但学生们进行学习的空间，也是基于实证的学习体验的一个重要方面。

不妨一试

- 分析贵校哪些学生在学习哪些课程。每一门课程的学生构成是否体现了教育差异？如果有，你打算怎么做？
- 如果尚未存在类似的项目，那么可以尝试与教学区级别的管理人员合作，为该地区所有的学校制订一个全面的计划，确保“家庭作业差距”的问题得以妥善解决。
- 创建一个社区地图，突出显示所有可用的免费Wi-Fi热点位置，如公共图书馆、星巴克、麦当劳等。与当地企业合作，提供更多的互联网接入服务。
- 与班上每个学生的家长（小学）或每个学生（中学）的家庭取得联系，并清楚地说明如果他们在家中无法使用所需的网络，那他们可以得到其他哪些支持。
- 校长：
    - 分析分组数据，研究纪律率、出勤率和成绩数据背后体现的教育公平性的差异。不要简单地“发现教育差距”，而是要与团队合作，实施一个计划来缩小此类差距。
    - 提供所需的专业培训，帮助所有员工克服自身的偏见，以支持那些需要帮助的学生。
    - 寻求外部支持，如拨款、伙伴关系和社区合作，以支持那些长期缺乏有效或公平教育资源的学生。

学习如何设计教学空间

> 学习空间的设计，是一所学校文化的无声体现。
>
> ——罗伯特·迪伦博士

近年来，学习空间的翻新，也已经成为教育领域的一个热门话题。然而，并非所有在社交媒体上风靡的东西，都是出于正确的原因得到重视。**学习空间的设计，其出发点应该是如何促进和优化大脑的学习效果，而不是为了看起来漂亮**。如果你的教室空间设计就是为了美观，那么你就很容易被社交媒体上的评论误导，做很多无用功。

每个孩子都有权利获得归属感，无论是作为教室里的一分子，还是作为学习空间的参与者。学习空间的设计是真实性和个性化学习发生的必要条件，因此我们作为教育工作者，有道德和伦理层面的义务来确保这一点的实现。只有了解了空间设计背后的动机，我们才能有意识地进行空间设计。

在我刚开始执教的头几年，整个教室空间的设计都是围绕我自身的喜好和需求展开的。我几乎没有为学生进行任何的空间设计。教室的前半部分是开放的，是教师分享教学内容的地方，这个空间里放置了两张巨大而沉重的教师办公桌。与大多数传统的教师类似，教师占用了约四分之一的空间，学生们则一起挤在剩下的四分之三空间里。尽管我在教室的墙面上装饰了很多

驻足反思

反思一下自己的教室设计或学校中某个学习空间的设计，为什么要把这个空间设计成这样？这个空间的设计体现了什么样的教学理念？

东西，但大多都与我个人的兴趣和爱好有关。在前几年中，学生完全不参与教室空间的设计，哪怕他们的作业有时候在教室光荣榜上一挂就是好几个月。

想要了解空间设计背后的原因，就需要了解空间设计如何影响学习的效果。正如之前在第4章“10条关键原则”中分享的那样，“整个环境，从空间、温度到照明，都会影响学习的效果”。虽然在我执教的头几年，关于学习空间设计的研究很少，但从那时起，我已经学到了很多东西。

实践出真知

当你遇到与自己背景不同的孩子时，最好的处理办法，就是表现出对他们的好奇心和兴趣。培养真正的好奇心并提出问题，孩子们越是看到我们对他们的投入，我们就越有可能成为一个能让他们发挥自己优势和天赋的教育者。而这就使你处于引导者的位置，以实现对学生的公平、优秀和成就的承诺——且无须顾及学生的背景。

——肯·威廉姆斯，
佐治亚州教育专家

报告《高效的教室空间设计》呈现了三年来对来自27所不同学校的153间教室设计的研究，分析了学习空间对阅读、写作和数学成绩的影响。该报告认为，研究中的3766名学生在一年内的学习进度有16%的差异，这意味着将一个“普通”的孩子，从最无效的空间转移到最有效的空间，就能取得学习的显著进步。该研究考虑了广泛的感官因素，并利用多层次统计模型，将教室设计的影响与其他重要因素（如学生本身和他们的老师）隔离开来。研究结论主要从自然性、个性化和刺激性的影响等角度进行论述。

1. **自然性**考虑了光照、温度和空气质量的影响，约占学习影响的一半。

2. **个性化**考虑了空间的所有权和灵活性，约占学习影响的四分之一。

3. **刺激性（适当的水平）**考虑了空间的复杂性和色彩，约占学习影响的四分之一。

如果我们要有意识地设计空间来支持真实性和个性化的学习，我们必须意识到空间对学习本身的影响。那么，有哪些经过论证的方法，可以让教师最大限度地发挥空间设计的影响，创造更多有利于真实性和个性化学习的空间呢？

自然性

- 最大限度地增加进入教室空间的日照量。打开教室的百叶窗，避免展示品遮住外面的窗户，不要在窗前放置大件家具。小心不要放置反光物品，因为反光会产生负面影响。
- 改造教室空间设计时，充分考虑空气质量和温度。在可行的情况下打开窗户。
- 对房间进行吸音处理会有好处。可以铺设小地毯或地毯，再加上可移动家具上的橡胶脚，可以最大限度地减少不必要的声音。
- 在教室里增加自然元素，如植物，让学生整天都能体验到自然的元素。

个性化

- 对于年龄较小的学生来说，定义明确的“学习区”有利于同时开展活动（例如，地毯区、阅读区、制作区），而对于年龄较大的学生来说，明确设置几个不同的区域，可以支持更正式的个人或小组工作，同时避免不必要的混乱。

- 放大学生的个性化成就，突出学生最近的作品（包括艺术作品），有助于增强学生空间的主人翁感。
- 给每个孩子留出一个空间，让他们展示和分享作品。让学生选择自己想分享的内容，并负责在该空间分享个人的学习和成功经验。
- 在适当的情况下，允许学生对空间的各个方面进行个性化设计。可能的区域包括储物柜、抽屉、书桌、衣柜或停车位。
- 在空间设计的所有方面，对性别、种族和文化的差异要保持意识和敏感性。
- 最大限度地利用低成本的方法来创造和利用灵活的家具，以增加各种学习体验的流动性和机会。
- 建立一个持续的反馈循环，让学生对空间有更多的自主权和发言权。

刺激性

- 无论是教室墙壁上的陈列品，还是天花板上悬挂的任何东西，都应该给空间带来一种生动的感觉，但要避免混乱或分散注意力。建议20%~50%的墙面空间应保持空旷。
- 使用大胆的颜色或物品作为空间的点缀，但注意不要占用过多的教室空间。

驻足反思

以上被论证有效的空间设计思路，是否可以在你的班级或学校中应用？你可以做出什么改变？

- 请记住，学生对刺激物的反应存在差异，因此应以“中间水平”的刺激为目标。一个无菌的、像医院一样的空间，会缺乏任何刺激，而一个大部分面积都被占用的空间对很多人来说，可能会是过度刺激。

你的教学空间是更适合学生去探索、设计和创造，还是更适合他们去消费和反思？它是为学生设计的还是与学生一起设计的？学生是这个空间的主人，还是必须遵守这个空间的规矩？它是促进主动学习还是被动学习？

被动学习的空间	主动学习的空间
一个巨大的开放空间	很多个单独划分的区域
无法移动	方便移动，具备流水性
固定的结构	灵活的结构，方便移动
有限的个人空间	具备个性化特征的各类空间
切断联系的	无缝对接，在需要的时候可实现自由移动
沉重的桌椅	小桌子、小凳子，可移动的家具

真实性和个性化的空间赋予学生创造、进步和与他人无缝协作的能力。这些空间让学生成为积极的参与者，而不仅仅是被动的消费者。

在学习空间设计时，人们很容易被最新的星巴克式空间所迷惑，或者觉得空间需要看起来美丽，因为许多人已经在社交媒体平台上美化了这些类型的空间。相反，作为教育工作者，进行空间设计时，我们要继续关注以下几点。

1. 优先考虑心态，再考虑金钱。在需要把有限的资源花在某个空间上之前，先关注为什么要设计，以确保空间设计的改变能够带来积极的学习效果。在一个以教师为中心的环境中，在教学方法没有转变的情况下，把钱扔在新的家具上是完全浪费资源的。

2. 保持常识心态。如果有一天，我们在化学课上看到弹力球或者大号的豆包椅，我们会觉得设计教室的老师们已经疯掉了。在设计过程中，不要失去常识，也不要被最新的潮流所迷惑。

3. 预留进行探索、设计和创造的空间。即使教室面积有限，一个“创意角”或一个小型的制作空间桌子，也可以激发学生的好奇心和探究式学习。

4. 最大限度地提高灵活性，但要有目标地设计。灵活的座位既可以充分赋予学生主导权，也可能成为灾难式的设计。灵活的座位关键在于赋予学生选择权和控制权，而不是强迫所有的孩子坐在弹力球或豆包椅上。在一个更加以学习者为中心的环境中，灵活的座位可以促进发言权和选择权，同时增加舒适度，这是我们都渴望的结果。

5. 尽量确保购买的产品具备多种用途。大多数教室的空间十分有限。灵活的家具可以支持不同的区域，并可以快速移动，以快速调整空间。通过购买可以满足多种用途的物品，最大限度地利用有限的空间。例如，带轮子的轻型桌子也可以作为教室用品的储存柜。

学习空间的有效性，取决于对使用该空间的人的影响。为了确保教学空间设计对每个学生产生最大的积极影响，我们必须将空间的包容性最大化。

创造包容性教学空间

> 包容不仅仅是一套策略或做法；它是一种教育取向，它接受差异，重视每个学习者给课堂带来的独特性。
>
> ——宝拉·克鲁斯

强调真实性和个性化的空间，在设计上具有包容性。为了创造具有包容性的空间，我们必须考虑并放大个性化的重要性，这既是研究结果，也是因为每个人都是独一无二的这一事实已经不容置疑。每个人的大脑构造不同，感知世界的方式也不同。正因如此，人们对环境刺激的反应方式也各不相同。因此，不同的选择在某种程度上也会影响成功实现的概率。

驻足反思

包容性空间与马斯洛需求层次理论有何关联？你设计的空间是否对所有学习者都具有包容性？你如何确定？

在2018年底发布的#领导力一分钟#（我每周分享的一分钟视频）中，我向佐治亚州牛顿县学校系统的技术和媒体服务总监亚当·哈衣奥提问，如何才能最好地创建包容性教学空间。在视频中，亚当博士分享了创建“营火、水源和洞穴空间”的想法。这些术语都被用来描述如何为不同的教学活动设置空间领域。例如，**“水源”**指的是为学习者分享信息而设置的非正式空间，这也是所有学习者拥有平等发言权的地方。在这些不同的空间中，一些人可以在不同的活动中选择扮演教师或学生的角色。**“营火”**则是另外一个空间的概念，在这个空间里，人们要聚集在一起，向班上的“专家”学习。在这个空间里，最常见的活动形式就是讲故事。最后，**“洞穴”**代表

实践出真知

询问学生对于教室设计的期望，并鼓励他们参与设计的过程。因为学生和老师一样，都是教室的主人翁。

——凯拉·道恩菲尔德，
北达科他州小学教师

的是反思空间。这里通常十分安静，学习者可以开展独立的思考和工作。每一个空间的设置都要具备灵活性，确保学生可以根据手头任务的需求，便捷地在不同空间中切换位置。在教室中添加水坑、篝火和山洞等功能明确的空间设置，可以使学习者获得更多真实性和个性化的体验。

要基于研究的成果理解什么叫作“个性化”，要尊重学习者作为独立的个体的存在，并尽力创造一个尊重性别、种族和文化差异的包容性空间。我们首先分析以下两个常见的场景：

情景1：凯登，一个正在上幼儿园的6岁男孩。每天早上走进教室时，面对的就是一个充满了各种各样粉红色、紫色、波点、鲜花和方格图案的空间。每天进教室时，他都会觉得无比讨厌和鄙视老师喜欢的那些“女孩的”颜色。

情景2：正在上高二的非裔美国女生贾达，每天走进上美国历史课的教室时，看到墙上挂满了国家历史上的代表着“成功”的图片，但主角都是白人男子。

在这些虚构的场景中，学习者是否能产生归属感？他们是否会认为自己是空间的重要组成部分？这些空间是否具有包容性？它们的设计是个性化、真实的吗？当然不是，然而这些都是常见的例子。

教育者必须意识到这类场景的普遍性，并需要积极确保一个包容的环境，让所有的学生在学习空间里都感到受欢迎。当学生没有归属感的时候，就不可能获得个性化的、真实性的学习感受。有意营造包容性的空间并不是一个“还不错的”加分项，事实上，它是以学习科学为基础的必选项。我们在道德上有义务确保每个孩子都能感受到自己是受欢迎的，并对群体和空间有归属感。

在努力创造包容性的学习空间时，可以运用下面的技巧：

技巧1：请异性同事提供反馈。在空间设计中保持性别中立应该是一个必须达成的目标。

经验法则：如果一个学习空间被认为过度男性化或女性化，那么就需要重新评估设计是否合理，并对其进行调整，使其更具包容异性。

> **实践出真知**
>
> 可以考虑将占地面积很大的储物柜移出教室，这样能够为教室内创造更多灵活的空间，以用作公共活动区域，或被视为教室的延伸空间。在这个过程中，要充分听取学生的意见和建议。
>
> ——德怀特·卡特，
> 俄亥俄州美国中小学校校长联合会
> 数字教育部门主席

技巧2：请来自不同文化背景（如种族、民族）或与你有不同信仰（如宗教、政治）的同事给你诚实的反馈，告诉你关于教室的空间设计是否合理，以及如何使它更具包容性。询问他们，你可以做些什么来让其他人获得更大的归属感。

技巧3：确保教室资源和图书馆的设计和资源有意识地多样化。近年来，人们非常重视确保学习者能够获得多样化的文献。学生能在现有的文学作品中“看到”自己吗？这些角色是在强化刻板印象还是在打破刻板印象和界限？

技巧4：询问来自学习者的想法！我们经常在解决问题的时候，没有询问那些被决策影响的人。当设计一个包容性的空间时，不仅要关注为什么，还需要充分关注和考虑那些将经常使用该空间的人（学生）的反馈。记住，这不是“教师的”空间，而是“师生共有的”空间。

在这两种情况下，真实的反馈可能会带来一些困难，但对话永远是必要的。对有着不同生活经历的人保持同理心，及时反思自身的心态，是作为一个教育者成长的必经阶段。有时候，阻碍我们成长的，不是外界的困境，而是我们自身的狭隘视角和偏见。**有些时候，这些狭隘的理解，会导致我们无法想象和定义那些无限的可能性。**

驻足反思

你的学生对教室的空间设计有什么看法？你问过他们的意见和反馈吗？你有没有利用学习者的反馈来提高教室空间的包容性？

案例分享

首先我要声明的是，我并不是包容性学习空间设计和布置方面的专家。我只知道，对空间的优化能够给学生带来积极的影响，帮助提升学习效果。我目前正致力于将尽可能多的学生纳入图书馆学习的空间内。在过去的20年里，学区的媒体中心没有发生什么变化，但学生的构成和需求却发生了巨大的变化。

我管辖学区的媒体中心，在中学阶段经历了学生使用率的巨大下降。像大多数学校系统一样，这是因为进入中学阶段的学生去媒体中心查看资源的需求降低了，这个阶段刚好是学生需要通过现实世界的实践来探索和掌握新知识的阶段。当我开始担任学区的图书馆媒体项目的主管时，我迫切地感到需要对空间的设计和布局进行调整，以给所有的学生带来积极的影响。我们想要创造的改变，不仅仅是提供一些可以滚动的桌子，刷上一层新的油漆，或者一些动手实践的项目。我们想要创造的，不仅仅是一个漂亮的空间，而是一个包容性的空间。我们想要创造的，是一个学生们愿意花一整天时间享受资源的空间，我们希望这些资源能够反映出学生的不同需求和兴趣。我们希望为学生们提供一个在媒体中心的空间里表达个人需求和意愿的机会。

首先，我们开始收集尽可能多的学生的相关数据，以了解他们的想法和对图书馆学习公共空间的需求。我们不仅想听到目前正在使用媒体中心的学生的声音，也想听到那些像躲避瘟疫一样躲避它的学生的声音。在与学生、家长和工作人员交谈后，我们明显感觉到，我们必须制订一个清晰简洁的学区媒体中心收集计划。该计划旨在促进各年级学生的识字和阅读能力。利用收集到的数据、学生的兴趣和图书馆的借阅趋势等信息，媒体中心能够购买满足不同学习者需求的资源。这些采集到的信息最终推动了一个影响整个校区学习的转型浪潮。在图书馆媒体中心看到了多年未曾到访的学生令我们非常振奋。在我们创造一个更具包容性的空间的过程中，我尝试着为团队提供真实的反馈。我意识到，我们还没有达到让100%的学生使用图书馆学习公共空间的目标，但同时我也看到积极寻找图书馆学习公共空间的学生数量在不断递增，这表明我们努力的方向是正确的。

实践出真知

相关研究还发现，有意识的教室空间设计同样对全体学生的情绪健康和学术成就产生了极为深远的影响。这就意味着教室需要为学生提供更多可移动的空间；在选择学习的区域时，学生要能够拥有更多的选项；要持续收集学生关于教室空间的划分和布局是否合理有效等方面的反馈和建议。

——罗伯特·迪伦，

密苏里州创新学习中心主任

亚当·哈依奥，

佐治亚州牛顿县学校系统的技术和媒体服务总监

不妨一试

- 在学年开始时，让教室的一部分保持空白，让学生帮助创造空间。使用“正在建设中”的标志，来强调这一点并吸引学生的注意力和兴趣！
- 参观其他教室的空间设计，并私下询问帮助设计这些空间的老师，空间的哪些方面是与众不同的，为什么要这样设计？
- 努力创造一个促进自由移动，允许进行各种分组并进行动手探索、设计和创造的空间。
- 利用社交媒体获取灵感和设计理念，它们可能是探索可能性和发现“样板间”的绝佳途径，但要提防在与教室设计无关的信息上浪费太多时间。
- 客观地分析那些带有种族和性别特色的教室设计图。反思当前的教室结构，并采取行动，以确保空间的包容性。
- 向有着不同生活经验的同事寻求诚实和建设性的反馈。但也不要因他们的批判而动怒，反而应该听取建议，并进行调整。

第7章 为学生创造可持续发展的终身影响

> 当老师最好的事情就是，我们能够影响他人的人生；而当老师最困难的地方就在于，这种至关重要的影响每天都在发生。
>
> ——托德·威特克尔

作为一名教育工作者，工作的辛苦自不必言。要做好这份工作，我们需要比常人拥有更大的勇气和力量，付出更多的时间和精力，直到掏空自己。教师就意味着要孜孜不倦地为他人服务，将毕生的精力投入到帮助他人的伟大事业之中。正如我们在前面第2章中论述的那样，教师也要时刻谨记自我充实和提升，并且关爱自身的身心健康。我们不能因为过于投入对他人的奉献，而忘了照顾自己的家庭，或在这个过程中忘却了自我。教书育人的工作必定是重要的，但身为教师的我们同样也很重要，因此我们也需要关切自身的发展和需求。

你有没有遇到过很难教育的学生？哪个孩子在一开学就让你倍感挫败和头痛？哪个孩子让你怀疑自己作为老师的效率和能力？哪个孩子让你担心

得辗转反侧、夜不成眠？你有没有想过，或许你们的相遇是命中注定？或许你就是那个帮助他们找到人生方向的贵人？或许你就是他们等待已久的指路人？或许你的教室就是他们一天中能够找到的最安全的地方？或许你会成为他们口中那个改变他们一生命运的名师？

在发展个人的人际关系、文化和学习经验，使其变得更加真实性和个性化的过程中，不要期待完美的结果——无论是对自己还是他人。期待完美只会导致失望。要知道，一定会发生令你感到困难、挣扎的事情，唯一不确定的不过是发生时间的早晚。在遭遇困境的时刻，你必然需要毅力和韧性来支撑你走下去。要相信，在不断完善自身的从教生涯中，你必然会收获许多学生的成功，这将让你为自己作为一名教育工作者获得的成就而感到自豪。身为教师，我们每天的工作都很重要。而**我们现在正在致力实现的学习体验，将会对学生产生持续一生的影响。**

树立坚忍不拔的精神榜样

人生总是免不了遭遇批评和非议，总会有人指指点点地告诉你，你不会……你不能……你不应该……等等，而这些人恰恰就是那些不会、不敢也不能取得成功之人。

——蒂姆·泰博

美国职业橄榄球大联盟新秀训练营，是想打职业比赛的大学橄榄球运动员在教练、球探和总经理面前进行身体和心理测试的大型展示机会。测试内容包括40码短跑、垂直跳跃和225磅的卧推等。用教育学的术语来说，这相当于在球员大学生涯的巅峰时期，对其身体素质和技能进行的“总结性评价”，为球队是否应该为美国职业橄榄球大联盟选择一名球员提供参照指标。

在2000年的美国职业橄榄球大联盟的选拔赛上，一位来自密歇根大学的年轻四分卫，在许多标准化测试指标上都表现不佳。他跑40码短跑的成绩是5.28秒，比他的竞争对手慢得多。他24.5英寸的垂直跳跃的高度，远低于美国职业橄榄球大联盟四分卫近32英寸的平均高度。他甚至选择不参加225磅的卧推测试。联合赛后的球探报告，基本上就是在陈述为什么不应该选择这个四分卫的各项理由。其中一份球探报告强调了这名球员的所有缺点：

身材差、非常瘦小和单薄。1999年赛季结束时体重为195磅，到了211磅时仍瘦得像竹竿。看起来有些虚弱，缺乏很好的身体素质和力量。比想象中更容易被对手推倒。缺乏机动性和避开冲撞的能力。手臂肌肉力量不足，不能把球开到场上，也不能投出真正的紧密螺旋球。辅助型球员，无法独挑大梁，如果不得不单打独斗的话，缺陷很容易暴露。

在2000年的美国职业橄榄球大联盟选秀中，这个四分卫平均被每支球队放弃了五次。在他之前，有198名球员被选中，直到第六轮，也就是选秀的最后一轮，他才被选中。

19年后，这位四分卫已获得了四次超级碗最有价值球员（MVP）奖，是有史以来获得该奖项最多的球员。除此之外，他连续三届获得美国职业橄榄球大联盟最具价值球员奖，并入选了14次职业碗、橄榄球联盟的全明星赛。他在季后赛的传球码数和达阵传球数比其他任何一位四分卫都多。他就是传奇四分卫汤姆·布雷迪。

那么他具备了什么特殊的潜质，是美国职业橄榄球大联盟的新秀训练营的标准化测试无法体现的？答案就是，选秀前对所有球员进行的标准化测试无法衡量汤姆·布雷迪身上的职业道德，无法测出他具备的优势竞争力和领导能力。在美国职业橄榄球大联盟的新秀选拔赛中，没有任何测试可以测量他的坚持能力、他的韧性和他对胜利的渴望。但恰恰就是这些无形的品质，这些无法通过标准化测试体现的优势，使布雷迪成了有史以来最伟大的美国橄榄球运动员之一。

坚忍不拔的精神 + 超乎常人的韧性 = 成功的机遇

我们有多少学生也遭遇了同样的经历？有多少学生可能在某项标准化测试中表现很差，但实际上却具备了获得人生成功的必要素质？在完成教育技能的学习之后，教师的能力是否应该根据教师资格证的考试成绩来排名？国家教师资格证考试分数最高的人，就一定是最好的老师吗？当然不是。

驻足反思

看到这段话，你的脑海中是否浮现出某个学生的面孔？这些孩子的毅力和韧性如何引导他们取得成功？在这个过程中，你为他们提供了什么支持或帮助？

无论是课堂教学，还是学校管理，我们都可能遭遇障碍或逆境。我们从事教育行业的时间越长，可能遭遇的逆境就越多。如果你是刚刚入行的新手教师，可以多向前辈请教和了解情况。在从教的过程中，无论我们有多么努力，我们都不可能完全避免不可控事件的发生。而我们越是想要打破现状，就越有可能面临逆境，**我们无法选择所面临的困难，唯一的选择就是迎难而上，在工作的过程中将困难全部解决**。但是在这个过程中，我们可以控制的，是我们对逆境的内部反应和外部反应，以及我们可以从经验教训学到什么。

很少有人能表现出教育工作者每天在课堂上教学、在学校里领导的那种毅力和韧性。作为一名教师，要给学生留下影响终身的财富，就需要这种毅力和韧性。作为一名有效的教育管理者，在为员工和学生做出榜样的同时，也需要这种坚忍不拔的精神。对于我们的学生来说，只有通过真实性和个性化的学习经历，才能够学到这种坚忍不拔的精神和技能，而这要靠身为教师的我们来实现。

驻足反思

你如何向周围的人展示你的毅力和韧性？你设计和推动了哪些真实性和个性化的学习经历，以培养学生这些必备的人生品质？

在失败中砥砺前行

简而言之，没有失败，就不会有创新和创造力。

——布鲁尼·布朗

作为一线教师，到后来成为学校和学区的领导，我经常遭遇失败，并且每次都要反思自己的失败经历。

在一次教学观摩讨论会上，我坐在即将接受反馈的老师身边，打开笔记本，回顾观摩时的记录要点。作为她的教学主管，我需要评价她前一天的教学效果。

在这场讨论会的两天之前，我在放学后组织了一场教职工会议。作为新上任的校长，很多的会议对我来说都差不多。这些会议基本是单向的，主要用于向教职工传递信息（有时候通过电子邮件），只有在少数情况下才会进行小组讨论。我不得不面对的一个事实就是，要确保学校的顺利运行，我必须完成大量管理层面的事情。这次特殊的教师会议，与过去开过的那些会议看起来也没有什么不同。

在那个周一的下午，我一个人喋喋不休地说了整整60分钟。尽管会上也提出了一些需要讨论的主题，但回想起来，那仍然是一场单向的会议，身为校长的我，把教职工们在未来一个月需要了解和完成的事项说了一遍。

我们需要做这个……需要完成那个……

你们需要做这个……需要完成那个……

……诸如此类。

我在第二天安排了一次课堂观摩，我按照规划的时间，准时出现在教室里，并在整个课程中做了笔记，记录常规的观摩信息，即寻找该教师突出的优势领域和方法，给予她个性化和真实的反馈，确保她可以取得更积极的教学效果。

但是在这节课上，在绝大部分的时间里，都是教师在讲课，虽然她讲了一些很幽默的东西，激发了一些学生的思考，也分享了几个学生的故事，但整体来说，这节课仍是单向的信息传递过程。于是在听课笔记中，我写道：

如果我们要确保学生在60分钟内保持持续的专注，我们就需要让他们参与到教学的过程中，与他们进行对话，让他们动起来。按照这个标准，这节课在很大程度上是单向的信息传授。

当我坐到这个老师的旁边，开始讨论和反馈前一天的教学效果时，当我在肯定该教师一些表现较好的地方，并看着前一天的笔记，打算提出问题时，突然发现自己虚伪得很恶心。

因为我突然间发现，我准备批评的问题，恰好就是我在周一的全校教职工例会上的做法。我感到恶心，是因为我意识到自己就是个彻底的伪君子。于是，我说："原本我打算给你提出的一个反馈是，当我们要给学生上60分钟的课程时，不应该只采用单向信息传播的方式……但是我现在没有立场批判你这个问题，因为我在教职工例会上也犯下了同样的错误。我们俩怎么样才能够在这方面做得更好？"我承认，作为校长，向下属坦白自己的错误的确很尴尬。然而，当我开始意识到，当我需要负责规划教学的形式，却没能以身作则地示范正确的做法时，我有什么理由要求他们去做到呢？当轮到我自己领导的时候（如教职工会议），我有时候还是会用与我对老师们的要求背道而驰的方式来完成。在这种情况下，我自己都没能完成我期望他人做到的事情。

驻足反思

你是否也曾感到自己没能按照对教师或学生要求的标准来做事？你如何纠正此类行为？

想要建立良性的人际关系和师生关系，我们就需要成为良好行为的典范。要获得学生的信任，我们就必须示范所需的互动模式。**作为教育工作者，每一次将人们聚集在一起，实际上就是示范我们对他人要求的良机。**

每一次的教职工会议，都是示范个性化学习的良机。每一次的在职学习日，都是示范有趣的、真实性的学习模式的机会。每一次学生从走廊上经过，都是示范对他们重视的机会。每一次校长与教师的谈话，都是树立良好倾听范例和表达同理心的机会。每一次老师与孩子的交流，都是一个示范如何以尊严、尊重和爱来对待他人的机会。

作为教师，如果我们要对学生有所要求，或者作为校长，如果我们要对教职工团队有所要求，我们自己也必须做出榜样。光说不练或说一套做一套都是很常见的毛病，这正是我在那个周三上午的教学观摩讨论会议上的感受。

我认为大多数教育工作者都被赋予了完美主义者的天赋，而这自然而然地导致了他们对失败的恐惧。人类的大脑天生抗拒失败，导致大多数教育工作者都希望事情在第一次取得完美结果。不管是课程计划、专业学习课程，还是会议演讲，他们都希望能够完成得无懈可击。许多教育工作者都是这样，这是因为大多数人对自己和他人都有很高的期望（当然，这也是一个值得传承的良好品质）。

但同时我们也必须明白，失败乃人之常情。我们会做出错误的决定，会搞砸一堂课或一次演讲会，会在面对学生家长时说错话。这些情况时有发生，而且必定还会再次发生——不仅仅是我们存在这样的问题，我们的同事和学生也一样。**要认识到，失败是一个重新开始的机会，让你拥有比之前更为深刻的认识和理解。**

华特·迪斯尼，有史以来最伟大的艺人之一，曾因为没有原创性的想法和“缺乏想象力”而被解雇；红遍全球的甲壳虫乐队，曾被Decca录音室拒绝；被告知“在娱乐圈没有前途”的露西尔·鲍尔同时也被称为“B级电影女王”，因为她在职业生涯的初期，拍了一长串低档电影；阿尔伯特·爱因斯坦在4岁之前都不能说话，在学校里，他的老师曾表示他“永远不会有什么出息”。

面对这些指责，这些伟大的人物完全可以半途而废，可以陷入自我怀疑且无法决策，但庆幸的是，他们都没有。他们从失败中汲取教训，掌控了自己的人生，在失败中砥砺前行，并最终成为家喻户晓的成功人士。

那些能够在失败中前进的人，具备的另一个关键品质是什么？

永不放弃的心态。

失败—站起来继续前进—思维堡垒（攻克）

迈克尔·乔丹曾在高中时被篮球队裁掉，但现在，众所周知，他是全球公认的最伟大的篮球运动员之一。在1997年耐克公司的一个突出乔丹职业生涯的广告中，乔丹说：

“在我的职业生涯中，我有超过9000次投篮没投中，输掉了近300场比赛，甚至有26次，我在必须投出制胜一球的情况下没投中。在我的生活中，我一次又一次地经历失败，而这恰好是促使我成功的原因。”

“在我的生活中，我一次又一次地经历失败，而这恰好是促使我成功的

驻足反思

你上一次经历失败并继续前进是什么时候？这段经历对你有什么影响？如果这段经历发生在执教之后，它给学生们带来了什么影响？

原因。”这些话语令人警醒。在我们的课堂上或在我们的学校里，如何才能建立这样一种在失败中前进的文化？作为教师和管理者，我们如何让学生们都能树立这样的心态？

托马斯·爱迪生，历史上最伟大的发明家之一，获得了一千多项不同的专利。和乔丹一样，爱迪生也认识到，通往成功的道路是曲折的，在失败中前行也成为旅程的一部分。有人说，爱迪生尝试了一万多次，才创造出第一个商业化的白炽灯泡。也有人说，爱迪生看待失败的心态，并不是失败了一万次，而是找出了一万种行不通的方法。

在失败中前行不仅仅是一种心态，也意味着要学会如何在逆境中坚持下去。

R. H. 梅西在零售业中失败了七次，他在纽约的商店才最终得以继续营业；贝多芬的老师曾称他“没救了”，宣称他作为作曲家没有前途；汉克·阿伦开始了他的棒球大联盟生涯后，在勇士队与辛辛那提队的比赛中，他以0比5的成绩败给了对方球队；王薇薇未能进入1968年美国奥运会花样滑冰队，于是她在*Vogue*杂志做了一名助理，在短短一年之内，23岁的她就被提升为高级时装编辑，十年后，她在杂志主编的竞聘中惜败，但相信你一定听说过现在以她名字命名的世界著名婚纱品牌；在《哈利·波特》问世并席卷全球之前，J. K. 罗琳这个关于男巫的图书创意，被12家出版社拒绝了；高中时，已故的罗宾·威廉姆斯毕业后，同学们把他选为“最不可能成功

驻足反思

除了前面分享的克服逆境取得成功的名人案例，还有什么其他人曾激励你在失败中前行？你认为哪些人同样需要类似的激励？

的人”。

世界上有无数不努力的借口，你是否也曾用过？通往成功的道路从不平坦，充满了坎坷和波折，而且有时候也仿佛看不到终点。但在这段旅程中，只要我们依然专注于为孩子们提供服务，那么就总是值得的。

一直到进入2017~2018赛季，费城老鹰队都未曾获得过超级碗冠军，他们本赛季夺冠的希望寄托在年轻的四分卫卡森·温茨身上。在季后赛即将到来，球迷们寄予厚望的时候，温茨却在赛季最后几周因前十字韧带伤势倒下了。很少有人预料到尼克·福尔斯，这位在被其他两支球队放弃，年仅26岁就几乎退役的四分卫，还能带领球队走得更远。

常规赛结束后，老鹰队的战绩使其可以进入季后赛，福尔斯并没有放弃自己的梦想。他决定迎难而上，带领球队打出了后来被公认为美国职业橄榄球大联盟历史上最精彩的季后赛之一。在国家足球联盟的冠军赛中，随着胜者晋级超级碗，福尔斯面临着迄今为止最强劲的对手，有着美国橄榄球联盟历史上最顶级防守的明尼苏达维京人队。

福尔斯34次传球28次完成，距离累计373码，3次达阵，还跑出了另一个达阵，福尔斯用他职业生涯最伟大的一场表现，将自己的名字写入美国职业橄榄球大联盟的史册，同时带领球队举起超级碗的冠军奖杯。

在率领老鹰队打进超级碗LII的过程中，国家足球联盟赛冠军费城老鹰队，面对的是他们的传奇教练比尔·贝利奇克率领的AFC和超级碗卫冕冠军新英格兰爱国者队。在比赛最后一节还剩2分21秒时，福尔斯投出了达阵球，老鹰队以41比33的比分赢得了历史上第一个超级碗。赛后，尼克·福尔斯，这位之前被其他球队认为已经不值得入选的球员，被评为LII超级碗最有价值球员。

在取得足球生涯最伟大成就的第二天，福尔斯被要求回顾自己在费城打球的历程和未来，因为温茨将在次年回到首发四分卫的位置。福尔斯本可骄傲并满足于自身取得的成就，本可借机抨击那些将他从名单中剔除、不相信他的球队。然而他是这样回应的：

我认为最重要的一点，是不要害怕失败。我认为现代社会的社交媒体平台，倾向于美化我们的生活，比如Instagram和Twitter。当你浏览这些平台时，你会觉得所有人的人生看起来都那么的光鲜亮丽，而当你有一天过得不太顺利时，你会觉得自己的生活太糟糕，你是一个失败者。但实际上，失败是生活的一部分。它是形成性格和促进成长的过程。如果没有失败，你会是谁？如果我没有跌倒过成千上万次，没有犯过错误，我就不会取得今天的成功。我们都是人，都有弱点。我觉得每个人都应该正视失败，通过分享我个人的经历，我希望大家也可以坦然面对失败。我希望人们知道，当他们分享自己的弱点或失败时，我在聆听，因为我能够理解他们的心情。我不是完美的，不是超人；我可能成为美国职业橄榄球大联盟的成员，我们可能刚刚赢得了超级碗，但我们仍然每天需要面对不同的困境，我仍然每天都有挣扎。这就是我的信仰，这也是我获得支持和帮助的地方。我建议大家都把生命中的困境和失败当成历练，当成帮助培养你能力和性格的机会。

谦逊、坚忍不拔的毅力和韧性，以及在失败中砥砺前行的心态，为脚踏实地的人提供了成功的制胜法宝。

虽然福尔斯每天做的就是穿上队服站在橄榄球的赛场上，而不是像我们一样站上讲台，教育孩子，但福尔斯在失败中前行的心态，在困难时期的毅力和韧性，以及在最荣耀时刻的谦逊，让他身边的人将他当成典范。他的领导力让周围的人都想加入他的团队，并且竭尽全力去表现；他的行动帮助定义了其团队的胜利文化。

因此，无论是在课堂上还是在管理学校的过程中，最终决定是否取得

坚忍不拔的精神 + 超乎常人的韧性 + 失败 + 前进 + 突破思维堡垒 + 谦逊的姿态 = 必然的成功

成功的，是你的领导力、毅力、韧性和在失败中前进的心态。你的心态和行动，将对与你并肩作战的队友们产生积极的影响。

人生中不确定的时刻，为你的领导力创造了机会。坚持不懈地在失败中前进，可以维系我们的期望，推动我们不断尝试，并最终赋予我们从内部进行领导的能力。

你在最荣耀的时刻表现出的谦逊，以及在困难时期的失败中砥砺前行的心态和毅力，会让你周围的人愿意听从你的领导和指挥。

驻足反思

你如何通过以身作则，为身边的人树立在失败中砥砺前行的正确心态?

在我看来，那些影响最大的教育者，往往谈论和关注的是机会。效率较低的教育者则谈论和关注障碍。二者之间的差别在于看待世界的角度，即心态。通过选择我们看待世界的视角，我们不仅能看到自己的成功，还能看到机会而不是失败。

作为一名教师，你在课堂上是如何示范的？有什么事情是你想尝试但又犹豫不决的？作为一名管理者，你如何向你的下属示范这种心态？有什么事情是你一直想领导却迟迟不敢发起的？

每一次失败都是一次机会，我们要给那些向我们寻求方向的人，树立如

何站起来继续努力的榜样。

毅力、韧性和在失败中继续前行的心态，并不是你在任何教学评估中能够看到的标准，但它们远比这些标准测试的结果更重要，它们是真实性和个性化的生活技能。在生活中，我们之所以成为自己，是因为我们克服了重重困难和失败。我们通过在失败中前行和在逆境中坚持不懈的努力，而成就了今日的自己。

生活不是由我们想要的东西决定的，而是由我们在人生道路上做出的选择决定的。无论我们在团队中扮演什么角色，我们都必须理解和内化自身行动产生的影响。坚持不懈的努力和坚忍不拔的毅力，谦逊的态度以及在失败中前进的心态，为真实性和个性化的发展旅程提供了惊人的助力。

驻足反思

- 老师们：你们的课堂上哪个学生灰心丧气，需要额外的支持才能在失败中继续前进？你将如何提供其所需的支持？
- 教育管理者：你的员工中哪个人灰心丧气，需要额外的支持来帮助他或她在失败中前进？你将如何提供其所需的支持？

不妨一试

- 敢于展示自身的脆弱。你身边的人无法与看似完美的人产生共鸣。因此不妨坦白自己的失败，并以个人失败的经历来激励身边的人继续努力。
- 对那些在逆境中坚持不懈的学生和员工表示肯定。让他们知道自己是一种激励和榜样，并感谢他们树立了如何处理困难情况的榜样。
- 在最荣耀的时刻，要以谦逊的态度进行领导。在困难的时候，要以不放弃的态度进行领导。

- 肯定身边那些在失败中仍继续努力前进的人，并在强调他们的成功时，重点突出他们的毅力和韧性。
- 永远都要保持对他人的同理心。要知道，今天的困境可以成为明日努力的动力。

培养学生的自主权和同理心

> 21世纪的文盲，不会是那些不会读书写字的人，而是那些不会学习、不愿学习、不肯再学习的人。
>
> ——阿尔文·托夫勒

在本节论述之前，我们先来做个小测验。在不检索信息的情况下，请快速回答停车标志（stop sign）是哪两种颜色，它有几条边？

我猜你可能思考了一下，并给出红白两色和八条边的答案。那么，我们再来试试另一道题。让行标志（yield sign）是哪两种颜色，它有几条边？

如果你和很多人一样，你可能认为让行标志有三条边，而且是黄黑相间。在美国，直到1971年之前，让行标志的确都是这样的。但后来他们改成了和停车标志一样的两种颜色。不相信我吗？去查查吧！但为什么几十年后被问起时，很多人还是回答说是黄黑两色和三条边呢？

这是因为，人类在学习某件事情的时候，在脑海中自然而然地将某件事情与其他事物（比如黄色的交通灯）联系在一起，这是常见的。现实情况是，清除旧的知识，再去学习新知识，实际上非常困难。

学生（和成人）学习、抛弃过时的知识内容，再学习新知识的能力，是学习者自主学习权利的核心，而学习者的自主学习权利则是真实性和个性化学习的最终目标。无论是在校园中还是在职场上，唯一不变的就是变化本身。这是一个悖论，但也正因如此，我们必须利用真实性和个性化的学习体验，帮助塑造能够独立思考、解决问题、获取所需资源、采取行动并最终拥有决策结果的学习者。拥有自主学习权利的学习者，将解决我们这一代人无法解决的问题。有能力的学习者将创造下一个迭代的工作岗位，以取代那些已经自动化的工作岗位。有自主学习权利的学习者必将在离开学校之后取得人生的成功。

驻足反思

你最近是否存在需要解除旧知识，然后学习新知识的需求？在这个过程中你感受到什么情绪？获得了什么样的成长？

“学习者的自主权”是一个复杂的概念，很多时候与我们自身的偏见和信念交织在一起，尤其是当我们谈及学生能在课堂和学校里达到何种程度的成就时。给予学习者自主权，也就意味着教师需要将控制权下放到学生手上，这对于很多人来说是难以接受的。传统的学校结构及其影响因素往往限制了学生的自主权，因为传统的教学模式，更倾向于按照预设的路径，将大部分的知识“灌输”给学习者，学习者在这个过程中几乎不具备任何自主权和管理权。

但需要明确的是，学习者自主权并不意味着学习者可以在想做什么的时候就做什么。它不是要让学生处于被完全放养的学习状态，也不是要放弃学习的集体性质，或允许学习者长期独立、孤立地学习。**学习者自主权是指，为学习者提供有意义的选择，并促进他们有机会行使这种决策权，同时培养他们对学习和后续成果的控制权。**

培养学习自主权的能力，会随着每个学习者内心的成熟度而发展。我们必须明白，学习者自主权的发展不是线性的，而是随着学习者变得更有责任感和自立能力而增长的；因此，我们必须认识到，每个孩子的自主水平都是独一无二的。因此，最大限度地发挥学习者能动性的唯一途径，是经历真实性和个性化的学习。

根据《教育重构》的观点，学习者的自主权可以从以下几个方面体现出来：

1. 学习者对自己的学习产生主人翁意识，包括对学习的热情、创造学习经验和评估学习成果的能力，以及不断改进学习经验的兴趣。

2. 学习者培养了表达自身学习需求和愿望的能力，意识到他们如何学习才是最好的，他们特别需要什么来支持自身的学习和发展。

3. 学习者承担越来越多与自身学习相关的责任时，发展出适应性、机智性和弹性，同样学会了从成功和失败的学习实验中获得经验教训。

4. 学习者在指导自己的学习、创造自己的学习经验和参与非结构化学习挑战的能力方面，培养出越来越强的自信和信心。

5. 学习者认识到自己和自己的想法是有价值的，是珍贵的；他们形成了相关的自我价值感。

6. 学习者在完全掌控自我学习的过程中得到了支持，他们在完成学校组织的教育之后，能够成为终身学习者。

在你的课堂或学校中，哪些地方存在真实性和个性化的学习体验，以发

驻足反思

每一位教育工作者都会努力帮助学生掌控自身的学习。身为教师的你，如何给学生树立这样的榜样？

展我们的学习者需要的自主权，进而促进他们未来的茁壮成长？

当学生真正理解了自己作为学习者的身份，懂得如何去倡导和寻求自己所需的资源，并最终能够充满自信地执行自我管理和自我调节的功能时，学习自主权就能够得到充分的发展。在学生逐渐成熟并逐渐理解自己作为学习者的身份时，我们还必须帮助他们理解对他人共情的需求。

《韦氏大词典》对**同理心**的定义是："理解、意识到、可以感知到并代入体验他人过去或现在的感受、思想和经验的行动，且无需以客观明确的方式亲自体验或传达这些感受、思想和经验。"

当学习自主权与同理心结合在一起时，就会赋予一个独立的人以能力，使其能够关心并希望帮助他人，这将是未来世界迫切需要的技能。

能够充分体现学习自主权的一个例子，是孩子能够独立地研究、策划和发展对社区中无家可归者的理解，然后展示他们的发现。当学习者具备了同理心后，他们就会觉得有必要采取实际行动来帮助解决这种问题。

今天的学习者需要发展独立自主的能力，成功地解决他们所遇到的问题，同时也需要有同情心，通过他人的眼睛看世界。**当世界未来的主人翁，能够了解他人的故事，并有能力以支持性的方式对其采取行动，我们就可以培养出这个世界急需的人才。**

驻足反思

你将如何帮助学生在培养自主权的同时具备同理心？你如何能够通过自己与身边人的日常互动，以身作则地向学生示范如何建立同理心？

不妨一试

- 让学生研究其所在社区当前面临的问题。以班级为单位，制订一个可行的计划来解决其中一个问题，哪怕只是很小的问题。

- 请学生研究历史上那些克服了各种障碍，并凭借自己的能力和坚持不懈的精神，产生了深远影响或留下了宝贵财富的个人。在整个过程中，讨论对该个体的同理心。
- 在毕业之前，让学生参与名为“薪火相传”的传统对话。这些高年级学生给低年级学生召开的座谈会，将会分享每个人不同的成就和经历，即将毕业的学生反思自己的个人成长，并得到其他学生的认可和肯定。
- 与老年人中心或其他存在特殊需求成年人的地方，建立有意义的、持续的关系。让学生以各种方式与这些成年人建立联系，包括书面的学校音乐会邀请函、笔友信和野餐等，通过此类活动来培养学生的同理心。

成为一个积极主动的人

以昨日为鉴，活在今日，期待明天。

——阿尔伯特·爱因斯坦

2017年1月6日，对我来说跟其他出差日没什么不同。在前一天晚上的活动中完成演讲之后，我早上在酒店醒来，收拾好东西，与一些熟人吃了早餐，打了一个顺风车，前往劳德代尔堡国际机场。但我没想到当天的经历让我真正体会到——无论是在教育层面还是在人生层面——什么才是真正的真实性和个性化的学习。

在与一起活动的其他三人共同前往机场后，我们一路过了安检，喝了点咖啡，并讨论了一下回家后的行程。与同行的伙伴们握手告别之后，我就去了2号航站楼的登机口，因为我的航班最早起飞。在亚特兰大短暂停留后，我准备回费城的家。这一次与之前几百次的旅程并没有什么不同：在机场办理了登记手续之后，我刷了一会儿社交媒体的动态，飞机起飞了，然后很快抵达了目的地。

大约90分钟后，飞机降落亚特兰大机场。手机开机后就开始不停地震动，以至于我以为刚好有人给我打电话。我从口袋里掏出手机，发现没有来电显示，但收到了无数条短信——准确地说是27条。

“你在吗？”

“你还好吗？收到请回复。”

我的心瞬间就沉了下来。显然，在我从劳德代尔堡到亚特兰大的短暂飞行中，发生了一些重大的事情。我迅速开始在手机上搜索，而突发新闻的内容让我不寒而栗。

我在劳德代尔堡机场。发生了枪击事件，所有人都在逃命。——@Ari-Fleischer6

2号航站楼的行李领取处发生了一起枪击事件，媒体可在中转区进行采访。——劳德代尔堡国际机场（FLL），@FLLFlyer

当我们降落时，飞机上开始传出刚刚在2号航站楼发生的枪击事件，也就是我们刚刚离开的三角洲航站楼。虽然我并未受到伤害，但我承认，我被这个突发事件吓坏了。

我一边朝转机口走去，一边回复信息。首先回复发来短信和打电话的家人。当我走进登机口准备乘坐下一班飞机时，我注意到航站楼里出现了越来越多的警察和安保人员。我站在那里静静地反思，内心受到了极大的震撼。我很难形容在那短暂的时刻，脑海里到底想了些什么。

几分钟后，我脑海中纷乱的思绪被一个老先生的歌声打乱，他在我身后十英尺处轻轻地唱着歌。他那深沉的南方男声和他所唱的福音音乐，都让人感到平静和安心。当我转过身来时，我注意到他坐在那里，准备为来往的旅客擦鞋。当我们交换眼神时，他给了我一个明亮而温暖的微笑，问道："今天我能帮你吗？"

"你已经帮了大忙，先生。"我回应道。

老实说，每周飞来飞去的我，可能无数次经过擦鞋处，却从未想过要去光顾一下他们的生意，我真的从未想过要在机场擦鞋。然而，那天早上，我觉得花上八美元跟他待一会儿会很值得。于是我向他走去，并告诉他，能和他相处一段时间是我的荣幸。对我来说，与他相处和交流的时光远比擦干净鞋子更重要。这个男人散发着希望的光芒，这恰好是当时心绪纷乱的我最需要的东西。

这个有着温暖的笑容和伟大的福音声音的男人，给了我一个坚定的握手，拿起我的行李，擦了擦座位，开始做他的事情。我承认，在旅行的过程中，花钱请别人给我擦鞋的想法，似乎有些尴尬。但对我来说，那一刻，他的歌声和温暖的笑容正是我所需要的。我觉得自己必须要和这个人说话，因为他的歌声把我从刚才的悲伤和情绪化的思绪中拉了出来。

我与来自佐治亚州、以擦鞋为生的古斯相处的十分钟，是我永远不会忘记的十分钟。这十分钟也教会了我，很多关于什么是真实性和个性化的真正含义。

古斯首先从我的鞋子开始，从上到下，从前到后仔细观察。然后他笑着说："孩子，你的鞋子需要修整一下！让我帮你好好修整一下。"他的笑声感染了我，我表达了自己的感激之情，并感谢他的好意和帮助。然后，我问古斯他擦鞋有多久了。

"26年了！"他回答说。

我知道我可以从这位智者身上学到一些东西，于是笑着说："哇，我很荣幸有这样一位经验丰富的老手帮助我。请告诉我，古斯，是什么让你这么开心啊？”

古斯直视我的眼睛，笑着说：“孩子，人生苦短。你每天都要开心，要热爱生活。我喜欢我所能做的工作。几年前我就可以不干了，但我喜欢帮助别人，不想停下来。”

我不得不坦诚的是，因为我个人的偏见，在当天早上醒来的时候，我肯定不会把在机场擦鞋当成是当日的头等大事。然而古斯在接下来的几分钟内，却将擦鞋当成了人生头等大事来处理，我看到这个优秀的男人是如何遵循帮助他人的本心，每天怀抱热情进行擦鞋这项对他来说个性化而真实的生活。

在接下来的十来分钟里，古斯一边操作一边跟我交谈，告诉我为什么他要使用不同的清洁剂，为什么要使用某个抛光剂，以及为什么这些东西能够让我的鞋子“宛如新生”，这样我就可以体体面面地回家和家人团聚了。在这十分钟里，我看到这个70来岁的老人展现了对自己工作的自豪感。我看得出来，古斯正在想尽一切办法让我的鞋子看起来完美，为了确保我破旧的鞋子可以每一寸都闪闪发光，他甚至用上了棉签。在那十分钟里，我觉得自己是这个世界上最重要的顾客，而古斯所做的一切，都是为了让我看起来闪闪发光。

在宣布擦好鞋之前，古斯还从不同的角度，近距离和远距离地观察了一下鞋子的外观，等他终于满意之后，他看着我问：“汤姆，我觉得鞋子足够闪亮啦，可以精神饱满地去登机了。你觉得怎么样？你对它满意吗？有没有什么地方需要改进的？”

我承认，坐在那里的我心中只剩下敬畏。与古斯相处的短短十分钟，不仅仅让我反思了教育的意义，还思考了生命的意义。我掏出钱包，但觉得只支付八美元和小费远远不足以匹配他给我带来的宝贵体验，我觉得有必要把钱包里所有的钱都给他。在我的情绪一团糟的时候，古斯给我带来的安慰和帮助如此巨大，而我能做的，不过是给他一点金钱层面的补偿，以示感谢。

“古斯，我的朋友，你是个了不起的人，作为两个年幼孩子的父亲，我希望有一天他们也能变成像你一样的人。谢谢你让我度过了美好的一天，也谢谢你给我擦了世界上最好的鞋。现在带着你美丽的妻子去约会吧，我想请你们去约会。古斯，你给予我的，远比你意识到的要多。谢谢你，我的朋友。”

驻足反思

你是否认识像古斯这样个性和真实的人物？在成为一个令人惊叹的教育工作者的路上，你从那个人身上学到了什么宝贵的经验？

就这样，我登上了飞往费城的航班，开始记录我从这一次的互动中获得的经验和体会，记录我从这个不可思议的人身上学到的东西，他改变了我的思维方式。这些“来自古斯的教训”给了我不可思议的启示，让我明白了作为教育者的意义。

1. 古斯改变了我的心态，让我这个萍水相逢的陌生人度过了美好的一天。

在我真正需要的时候，他的希望之光吸引着我走向他。在短短的几分钟内，古斯把我从心痛带到了希望，在他问我是否需要帮助的那一刻，我都没有意识到自己心里的想法。

真实性和个性化的体验：我们与服务对象的互动，在我们可能永远无法意识到的情况下，会改变对方的生活。当你有机会帮助别人的时候，要不吝伸出帮助之手，哪怕你根本不知道他们可能面临的困境。每一个走进我们学校大门的孩子对我们来说都是一次机会，请让每一次互动都有意义。

2. 古斯热爱他的工作，而这份职业热情能够感染到他人。

在我们互动的每一秒，古斯都在明确地表示他对工作的热情。很明显，他的目标是成为所有擦鞋匠中技术最好的一个。他对自己的工作感到无比自豪，并以一颗为他人服务的心来管理自己的工作。

真实性和个性化的体验：作为教育工作者，我们必须满怀激情地从事工作，决不能沉迷于工作中不尽如人意的事情。把你对工作的热爱散发出来，从而激励他人也全身心地投入。此外，要为你所做的事情和所产生的影响感到自豪！

3. 古斯充分了解自己的工作，且他对细节的关注是无可挑剔的。

古斯希望为服务的对象提供完美的体验，致力于提供超预期的工作成果。他体现了真正的客户至上的服务心态，而且他对细节的关注让我相信他是世界上最优秀的人。

真实性和个性化的体验：专注于自己的行动，要知道行动比言语更有说服力。哪怕是看似微不足道的任务，也要尽你所能，全力以赴。因为这可能是你唯一或最后一次去完成任务和展示自我的机会。作为教育工作者，我们的工作太重要了，不能不全力以赴。

4. 古斯的幸福来自服务他人、爱他的家人以及他的乐观心态。

我猜，作为一个专业的擦鞋匠，按照常理推断，古斯不会很富裕。但在我看来，他最看重的并非金钱。他积极的心态让他成为我见过的最富有的人之一。

真实性和个性化的体验：作为教育工作者，你的心态很重要。与积极的人团结在一起，他们排除万难的心态和充满爱心的支持，会让你变得更优秀。要知道，真正的幸福不是来自物质，而是来自你的家庭、你的人际关系，以及为他人提供的良好服务。

5. 在相处的时间里，古斯无时无刻不令我感到，自己是世界上最重要的客户。

在一个充满了各种分散注意力事物的世界里，古斯依然能够让我觉得自己是唯一最重要的存在。当我和他在一起时，他没有分心打手机，没有看所有经过的人，也没有和附近的同事说话。他把注意力集中在我身上，全身心地关注着自己服务的对象。

真实性和个性化的体验：专注当下。每一个清醒的时刻，实际上都是一个与某人、某处建立关系的机会，并向另一个人，甚至是一个不认识的人，展示他们的重要性的机会。因此，教师也应该保持对学生的专注，并专注于我们需要为学生做的事情。

几个小时后，在开车回家的路上，我关掉了收音机，回想着那天早上在劳德代尔堡国际机场发生的悲惨事件，为我那些仍被封闭在机场的朋友们祈祷。最后，回想着我与古斯的十分钟互动——他的思维方式和生活经历，教会了我更多关于真实性和个性化的东西，比我在亚特兰大停留的那个午后所能给予的物质报答要多得多。

那天晚些时候，佩斯莉放学后兴奋地跑进家门。她对当天的经历非常兴奋，急于分享所发生的一切。她的纯真和对他人

实践出真知

无论做什么，都将其当成是留下深远影响的机会。日常生活中的每一个行动，每一次互动，都要尽可能留下在你离开之后，人们会铭记并传承的东西。

——杰西卡·卡宾，
明尼苏达州中学校长

的爱散发出来。我紧紧地抱着她，尽量不让她看到我的眼泪。我知道有一天，她纯真的小世界会接触到那天早上发生的各种丑恶事件，那种在几个小时前夺去玛丽·路易斯·阿姆齐贝尔、特里·安德烈斯、迈克尔·奥姆、雪莉·蒂蒙斯和奥尔加·沃特林生命的邪恶行为。这些无辜的人都有着独特的人生故事，他们的生命很重要。当我紧紧地抱着佩斯莉时，我为他们的离去而哀悼，并感到深深的悲伤。然而，在这些时刻，我也感到了一种难以置信的希望。

当我站在厨房里抱着我的小女儿时，我之所以能感到人生的希望，是因为有古斯这样的人存在。

是因为有你们这样的人存在。

你给学生们留下的宝贵财富，并不取决于你所教授的内容，而是由你所提供的服务来决定。正是像古斯那样日常生活中可以遇到的教育者，才会产生最大的影响，他们留下的影响，将在后代的生活中显现，并成为最宝贵的财富。

驻足反思

作为一名教育工作者，是什么给了你希望？你对你的学生和每天和你一起服务孩子的同事有什么希望？他们知道你有这种感觉吗？

不妨一试

- 花一些时间反思你认为自己已经建立的遗产创造的财富。给自己写一封信，写下你希望人们在你不再担任当前职务后对你的评价。把那张纸放在你的计划书前面或办公桌的文件夹里，以供反思所用。
- 在一个学年结束时，选择一个即将退休的同事，给对方写一封信，讲述他们将留下的影响以及你最尊敬他们的地方。

- 与学生一起设计一个关于教育财富的活动，让他们制作一些东西（如信件、时间胶囊等），在高三毕业周时打开，反映他们希望在学校期间留下的影响或改变。

教师有能力选择对学生产生怎样的影响

那些疯狂到认为自己能改变世界的人，才是真正的人。

——史蒂夫·乔布斯

选择权在你自己的手上。

你所创建的财富，有朝一日会留下的影响，首先必须是自己拥有的东西。所以，教书育人、领导无悔。你的影响永远不会被抹去；你的工作很重要，而且每一天都很重要。

但也不要忘了，真实性和个性化学习的主要目的，不是让孩子们为大学或职业做好准备。真实性和个性化学习是为了帮助孩子们为生活做好准备，并最终在他们选择人生轨迹上取得成功。

有多少教育工作者想要改变，但却被别人可能的想法或说法所麻痹，就有多少教育工作者牺牲了宝贵的个人时间，来提高自己的教育影响水平。不要让自我怀疑或害怕别人的看法，偷走了为孩子们服务并取得进展时感受到的喜悦。不安全感是一颗发芽的种子，如果你继续让它从周围的土壤吸收养分，它就会生根发芽，动摇你的信念。不要让自己成为那种营造不安全感的毒药。身为教育工作者的我们，每天所做的工作太重要了，孩子的未来太重要了。

在你的真实性和个性化的旅程中，在你前进的过程中，周围要有与你同行的人。许多你今天渴望的东西，都是你通往成功的高速公路上的恐惧。如果你选择了逃避，那么必然无法获得进展，因此请与那些可以帮助你驾驭旅程并在途中对你负责的志同道合者聚集在一起。

确保自己始终明白为什么要进行教学，就能够不迷失前进的方向。我们可能会一开始遭遇失败，并经常失败，但永远不要停止学习。早点失败往往能够让我们更快获得成功。保持自己作为教育者的骄傲感，但在领导学生和下属时要保持谦逊的态度。我们的学生迫切地需要个性化和真实的榜样，他们需要你这样优秀的教师。

我们的学校和教室里的每一个普通的孩子，对他人来说都是全世界。我们在教学时是否将他们视为世界上最重要的人？我们是否带着这样的觉悟去领导教学？我们是否这样爱着他们？

如果你能够将学生视为世界上最重要的对象，那么每一天都是一个机会，让你的影响力最大化。你今天的选择将为你的学生留下影响终身的财富。多年以后，还会有许多人记得你的成就。幸运的是，我们可以选择给学生留下什么样的影响和财富。我们每一天都有机会做出这样的选择，并按照选择去实践。

让他们的经历变得真实。

让你周围的文化变得真实。

让你的人际关系变得真实。

保持真实，

你就能够留下影响数代人的宝贵财富。

教书育人并非易事，

但学生们值得我们的付出；

要勇敢、要无所畏惧、

要满怀自豪、要不忘初心。

你的故事还没有结束，

所有这一切，

都是为了孩子们的未来。

“常青藤”书系——中青文教师用书总目录

	书名	书号	定价
	特别推荐——从优秀到卓越系列		
★	从优秀教师到卓越教师：极具影响力的日常教学策略	9787515312378	33.80
★	从优秀教学到卓越教学：让学生专注学习的最实用教学指南	9787515324227	39.90
★	从优秀学校到卓越学校：他们的校长在哪些方面做得更好	9787515325637	59.90
★	卓越课堂管理（中国教育新闻网2015年度“影响教师的100本书”）	9787515331362	88.00
	名师新经典/教育名著		
	最难的问题不在考试中：先别教答案，带学生自己找到想问的事	9787515365930	48.00
	在芬兰中小学课堂观摩研修的365日	9787515363608	49.00
★	马文·柯林斯的教育之道：通往卓越教育的路径（《中国教育报》2019年度“教师喜爱的100本书”，中国教育新闻网2019年度“影响教师的100本书”。朱永新作序，李希贵力荐）	9787515355122	49.80
★	如何当好一名学校中层：快速提升中层能力、成就优秀学校的31个高效策略	9787515346519	49.00
★	像冠军一样教学（全新修订版）：提升学生认知、习惯、专注力和归属感的63个教学诀窍	9787515373287	79.90
	像冠军一样教学 2：引领教师掌握62个教学诀窍的实操手册与教学资源	9787515352022	68.00
★	如何成为高效能教师	9787515301747	89.00
★	给教师的101条建议（第三版）（《中国教育报》“最佳图书”奖）	9787515342665	49.00
★	改善学生课堂表现的50个方法：小技巧获得大改变（中国教育新闻网2010年度“影响教师的100本书”）	9787500693536	33.00
	改善学生课堂表现的50个方法操作指南：小技巧获得大改变	9787515334783	39.00
	美国中小学世界历史读本 / 世界地理读本 / 艺术史读本	9787515317397等	106.00
	美国语文读本（1~6册）	9787515314624等	252.70
	和优秀教师一起读苏霍姆林斯基	9787500698401	27.00
	快速破解60个日常教学难题	9787515339320	39.90
★	美国最好的中学是怎样的——让孩子成为学习高手的乐园	9787515344713	28.00
	建立以学习共同体为导向的师生关系：让教育的复杂问题变得简单	9787515353449	33.80
	教师成长/专业素养		
	教学与学习的科学：每位教师都应知道的56项教育研究成果	9787515371399	59.90
	如何更专业地教学：创建一个科学、连贯的教学框架，系统实现专业教学	9787515371351	49.90
	如何爱上教学：给倦怠期教师的建议	9787515373607	49.90
	如何促进教师发展与评价：一套精准提高教师专业成长的马扎诺实操系统	9787515366913	59.90
	人工智能如何影响教学：从作业设计、个性化学习到创新评价方法	9787515370125	49.00
	项目式学习标准：经过验证的、严谨的、行之有效的课堂教学	9787515371252	49.90
	自适应学习与合作学习:如何在学校课程体系中实现学生的深度学习	9787515371276	49.90
	教师生存指南：即查即用的课堂策略、教学工具和课程活动	9787515370521	79.00
	如何管理课堂行为	9787515370941	49.90
	连接课：与中小学学科课程并重的一门课	9787515370613	49.90
	专业学习共同体：如何提高学生成绩	9787515370149	49.90
	更好的沟通：如何通过训练变得更可信、更体贴、更有人脉	9787515372440	59.90
	教师生存指南：即查即用的课堂策略、教学工具和课程活动	9787515370521	79.00
	如何更积极地教学	9787515369594	49.00
	教师的专业成长与评价性思考：专业主义如何影响和改变教育	9787515369143	49.90
	精益教育与可见的学习：如何用更精简的教学实现更好的学习成果	9787515368672	59.00
	教学这件事：感动几代人的教师专业成长指南	9787515367910	49.00
	如何更快地变得更好：新教师90天培训计划	9787515365824	59.90
	让每个孩子都发光：赋能学生成长、促进教师发展的KIPP学校教育模式	9787515366852	59.00
	60秒教师专业发展指南：给教师的239个持续成长建议	9787515366739	59.90
	通过积极的师生关系提升学生成绩：给教师的行动清单	9787515356877	49.00
	卓越教师工具包：帮你顺利度过从教的前5年	9787515361345	49.00
★	可见的学习与深度学习：最大化学生的技能、意志力和兴奋感	9787515361116	45.00
	学生教给我的17件重要的事：带给你爱、勇气、坚持与创意的人生课堂	9787515361208	39.80
★	教师如何持续学习与精进	9787515361109	39.00
	从实习教师到优秀教师	9787515358673	39.90

书名	书号	定价
像领袖一样教学：改变学生命运，使学生变得更好（中国教育新闻网2015年度“影响教师的100本书”）	9787515355375	49.00
★ 你的第一年：新教师如何生存和发展	9787515351599	33.80
教师精力管理：让教师高效教学，学生自主学习	9787515349169	39.90
如何使学生成为优秀的思考者和学习者：哈佛大学教育学院课堂思考解决方案	9787515348155	49.90
反思性教学：一个已被证明能让教师做到更好的培训项目（30周年纪念版）	9787515347837	59.90
★ 凭什么让学生服你：极具影响力的日常教育策略（中国教育新闻网2017年度“影响教师的100本书”）	9787515347554	39.90
运用积极心理学提高学生成绩（中国教育新闻网2017年度“影响教师的100本书”）	9787515345680	59.90
可见的学习与思维教学（教学资源版）：成长型思维教学的54个教学资源	9787515354743	36.00
★ 可见的学习与思维教学：让教学对学生可见，让学习对教师可见（中国教育报2017年度“教师喜爱的100本书”）	9787515345000	39.90
教学是一段旅程：成长为卓越教师你一定要知道的事	9787515344478	39.00
安奈特·布鲁肖写给教师的101首诗	9787515340982	35.00
万人迷老师养成宝典学习指南	9787515340784	28.00
中小学教师职业道德培训手册：师德的定义、养成与评估	9787515340777	32.00
成为顶尖教师的10项修炼（中国教育新闻网2015年度“影响教师的100本书”）	9787515334066	49.90
★ T. E. T. 教师效能训练：一个已被证明能让所有年龄学生做到最好的培训项目（30周年纪念版）（中国教育新闻网2015年度“影响教师的100本书”）	9787515332284	49.00
教学需要打破常规：全世界最受欢迎的创意教学法（中国教育新闻网2015年度“影响教师的100本书”）	9787515331591	45.00
给幼儿教师的100个创意：幼儿园班级设计与管理	9787515330310	39.90
给小学教师的100个创意：发展思维能力	9787515327402	29.00
给中学教师的100个创意： 如何激发学生的天赋和特长 / 杰出的教学 / 快速改善学生课堂表现	9787515330723等	87.90
以学生为中心的翻转教学11法	9787515328386	29.00
如何使教师保持职业激情	9787515305868	29.00
★ 如何培训高效能教师：来自全美权威教师培训项目的建议	9787515324685	39.90
良好教学效果的12试金石：每天都需要专注的事情清单	9787515326283	29.90
★ 让每个学生主动参与学习的37个技巧	9787515320526	45.00
给教师的40堂培训课：教师学习与发展的最佳实操手册	9787515352787	39.90
提高学生学习效率的9种教学方法	9787515310954	27.80
★ 优秀教师的课堂艺术：唤醒快乐积极的教学技能手册	9787515342719	26.00
★ 万人迷老师养成宝典（第2版）（中国教育新闻网2010年度“影响教师的100本书”）	9787515342702	39.00
课堂教学/课堂管理		
★ 写作革命2.0：在所有学科和年级中通过写作提升思维的指南	9787515379142	59.90
★ 如何成为一名反思型教师	9787515372754	59.90
设计有效的教学评价与评分系统	9787515372488	49.90
卓有成效的课堂管理	9787515372464	49.90
如何在课堂上使用反馈和评价	9787515371719	49.90
跨学科阅读技能训练：让学生学会通过阅读而学习	9787515372105	49.90
★ 老师怎么做，学生才会听：给教师的学生行为管理指南	9787515370811	59.90
精通式学习法：基于提高学生能力的学习方法	9787515370606	49.90
好的教学是设计出来的：一套详细、先进、实用的卓越课堂设计和实施方案	9787515370705	49.00
翻转课堂与差异化教学：以学生为中心的课内翻转教学法	9787515370590	49.00
精益备课法：在课堂上少做多得的实用方法	9787515370088	49.00
记忆教学法：利用记忆在课堂上建立深入和持久的学习	9787515370095	49.00
动机教学法：利用学习动机科学来提高课堂上的注意力和努力	9787515370101	49.00
目标教学法	9787515372952	49.90
★ 课堂上的提问逻辑：更深度、更系统地促进学生的学习与思考	9787515369983	49.90
可见的教学影响力：系统地执行可见的学习5D深度教学	9787515369624	59.00
极简课堂管理法：给教师的18个精进课堂管理的建议	9787515369600	49.00
★ 像行为管理大师一样管理你的课堂：给教师的课堂行为管理解决方案	9787515368108	59.00
差异化教学与个性化教学：未来多元课堂的智慧教学解决方案	9787515367095	49.90
如何设计线上教学细节：快速提升线上课程在线率和课堂学习参与度	9787515365886	49.00

	书名	书号	定价
	设计型学习法：教学与学习的重新构想	9787515366982	59.00
	让学习真正在课堂上发生：基于学习状态、高度参与、课堂生态的深度教学	9787515366975	49.00
	让教师变得更好的75个方法：用更少的压力获得更快的成功	9787515365831	49.00
	技术如何改变教学：使用课堂技术创造令人兴奋的学习体验，并让学生对学习记忆深刻	9787515366661	49.00
	课堂上的问题形成技术：老师怎样做，学生才会提出好的问题	9787515366401	45.00
	翻转课堂与项目式学习	9787515365817	45.00
★	优秀教师一定要知道的19件事：回答教师核心素养问题，解读为什么要向优秀者看齐	9787515366630	39.00
	从作业设计开始的30个创意教学法：运用互动反馈循环实现深度学习	9787515366364	59.00
	基于课堂中精准理解的教学设计	9787515365909	49.00
	如何创建培养自主学习者的课堂管理系统	9787515365879	49.00
	如何设计深度学习的课堂：引导学生学习的176个教学工具	9787515366715	49.90
	如何提高课堂创意与参与度：每个教师都可以使用的178个教学工具	9787515365763	49.90
	如何激活学生思维：激励学生学习与思考的187个教学工具	9787515365770	49.90
	男孩不难教：男孩学业、态度、行为问题的新解决方案	9787515364827	49.00
★	高度参与的线上线下融合式教学设计：极具影响力的备课、上课、练习、评价项目教学法	9787515364438	49.00
★	跨学科项目式教学：通过"+1"教学法进行计划、管理和评估	9787515361086	49.00
	课堂上最重要的56件事	9787515360775	35.00
★	全脑教学与游戏教学法	9787515360690	39.00
★	深度教学：运用苏格拉底式提问法有效开展备课设计和课堂教学	9787515360591	49.90
★	一看就会的课堂设计：三个步骤快速构建完整的课堂管理体系	9787515360584	39.90
	如何有效激发学生学习兴趣	9787515360577	38.00
	如何解决课堂上最关键的9个问题	9787515360195	49.00
	多元智能教学法：挖掘每一个学生的最大潜能	9787515359885	39.90
★	探究式教学：让学生学会思考的四个步骤	9787515359496	39.00
	课堂提问的技术与艺术	9787515358925	49.00
	如何在课堂上实现卓越的教与学	9787515358321	49.00
	基于学习风格的差异化教学	9787515358437	39.90
★	如何在课堂上提问：好问题胜过好答案	9787515358253	39.00
★	高度参与的课堂：提高学生专注力的沉浸式教学	9787515357522	39.90
	让学习变得有趣	9787515357782	39.00
★	如何利用学校网络进行项目式学习和个性化学习	9787515357591	39.90
	基于问题导向的互动式、启发式与探究式课堂教学法	9787515356792	49.00
	如何在课堂中使用讨论：引导学生讨论式学习的60种课堂活动	9787515357027	38.00
	如何在课堂中使用差异化教学	9787515357010	39.90
★	如何在课堂中培养成长型思维	9787515356754	39.90
	每一位教师都是领导者：重新定义教学领导力	9787515356518	39.90
★	教室里的1-2-3魔法教学：美国广泛使用的从学前到八年级的有效课堂纪律管理	9787515355986	39.90
	如何在课堂中使用布卢姆教育目标分类法	9787515355658	39.00
	如何在课堂上使用学习评估	9787515355597	39.00
	7天建立行之有效的课堂管理系统：以学生为中心的分层式正面管教	9787515355269	29.90
	积极课堂：如何更好地解决课堂纪律与学生的冲突	9787515354590	38.00
	设计智慧课堂：培养学生一生受用的学习习惯与思维方式	9787515352770	39.00
	追求学习结果的88个经典教学设计：轻松打造学生积极参与的互动课堂	9787515353524	39.00
	从备课开始的100个课堂活动设计：创造积极课堂环境和学习乐趣的教师工具包	9787515353432	33.80
	老师怎么教，学生才能记得住	9787515353067	48.00
	多维互动式课堂管理：50个行之有效的方法助你事半功倍	9787515353395	39.80
	智能课堂设计清单：帮助教师建立一套规范程序和做事方法	9787515352985	49.90
	提升学生小组合作学习的56个策略：让学生变得专注、自信、会学习	9787515352954	29.90
	快速处理学生行为问题的52个方法：让学生变得自律、专注、爱学习	9787515352428	39.00
	王牌教学法：罗恩·克拉克学校的创意课堂	9787515352145	39.80
	让学生快速融入课堂的88个趣味游戏：让上课变得新颖、紧凑、有成效	9787515351889	39.00
★	如何调动与激励学生：唤醒每个内在学习者（李希贵校长推荐全校教师研读）	9787515350448	39.80
	合作学习技能35课：培养学生的协作能力和未来竞争力	9787515340524	59.00
	基于课程标准的STEM教学设计：有趣有料有效的STEM跨学科培养教学方案	9787515349879	68.00

书名	书号	定价
如何设计教学细节：好课堂是设计出来的	9787515349152	39.00
15秒课堂管理法：让上课变得有料、有趣、有秩序	9787515348490	49.00
混合式教学：技术工具辅助教学实操手册	9787515347073	39.80
从备课开始的50个创意教学法	9787515346618	39.00
给小学教师的100个简单的科学实验创意	9787515342481	39.00
老师如何提问，学生才会思考	9787515341217	49.00
教师如何提高学生小组合作学习效率	9787515340340	39.00
卓越教师的200条教学策略	9787515340401	49.90
中小学生执行力训练手册：教出高效、专注、有自信的学生	9787515335384	49.90
从课堂开始的创客教育：培养每一位学生的创造能力	9787515342047	33.00
提高学生学习专注力的8个方法：打造深度学习课堂	9787515333557	35.00
改善学生学习态度的58个建议	9787515324067	36.00
★ 全脑教学（中国教育新闻网2015年度“影响教师的100本书”）	9787515323169	38.00
★ 全脑教学与成长型思维教学：提高学生学习力的92个课堂游戏	9787515349466	39.00
★ 哈佛大学教育学院思维训练课：让学生学会思考的20个方法	9787515325101	59.90
完美结束一堂课的35个好创意	9787515325163	28.00
如何更好地教学：优秀教师一定要知道的事	9787515324609	49.90
带着目的教与学	9787515323978	39.90
★ 美国中小学生社会技能课程与活动（学前阶段/1~3年级/4~6年级/7~12年级）	9787515322537等	215.70
彻底走出教学误区：开启轻松智能课堂管理的45个方法	9787515322285	28.00
破解问题学生的行为密码：如何教好焦虑、逆反、孤僻、暴躁、早熟的学生	9787515322292	36.00
13个教学难题解决手册	9787515320502	28.00
★ 让学生爱上学习的165个课堂游戏	9787515319032	59.00
美国学生游戏与素质训练手册：培养孩子合作、自尊、沟通、情商的103种教育游戏	9787515325156	49.00
老师怎么说，学生才会听	9787515312057	39.00
快乐教学：如何让学生积极与你互动（中国教育新闻网2010年度“影响教师的100本书”）	9787500696087	29.00
★ 老师怎么教，学生才会提问	9787515317410	29.00
★ 快速改善课堂纪律的75个方法	9787515313665	39.90
★ 教学可以很简单：高效能教师轻松教学7法	9787515314457	39.00
★ 好老师可以避免的20个课堂错误（中国教育新闻网2010年度“影响教师的100本书”）	9787500688785	39.90
★ 好老师应对课堂挑战的25个方法（《给教师的101条建议》作者新书）	9787500699378	25.00
★ 好老师激励后进生的21个课堂技巧	9787515311838	39.80
★ 开始和结束一堂课的50个好创意	9787515312071	29.80
好老师因材施教的12个方法（美国著名教师伊莉莎白“好老师”三部曲）	9787500694847	22.00
★ 如何打造高效能课堂	9787500680666	29.00
合理有据的教师评价：课堂评估衡量学生进步	9787515330815	29.00
班主任工作/德育		
30年班主任，我没干够（《凭什么让学生服你》姊妹篇）	9787515370569	59.00
★ 北京四中8班的教育奇迹	9787515321608	36.00
★ 师德教育培训手册	9787515326627	29.80
★ 好老师征服后进生的14堂课（美国著名教师伊莉莎白“好老师”三部曲）	9787500693819	39.90
优秀班主任的50条建议：师德教育感动读本（《中国教育报》专题推荐）	9787515305752	23.00
学校管理/校长领导力		
卓有成效的学校管理	9787515369693	49.90
改造一所学校的设计新方案	9787515373737	69.90
★ 哈佛大学教育学院学校创新管理课	9787515369389	59.90
如何构建积极型学校	9787515368818	49.90
卓越课堂的50个关键问题	9787515366678	39.00
如何培育卓越教师：给学校管理者的行动清单	9787515357034	39.00
★ 学校管理最重要的48件事	9787515361055	39.80
重新设计学习和教学空间：设计利于活动、游戏、学习、创造的学习环境	9787515360447	49.90
重新设计一所好学校：简单、合理、多样化地解构和重塑现有学习空间和学校环境	9787515356129	49.00
学校管理者平衡时间和精力的21个方法	9787515349886	29.90

书名	书号	定价
校长引导中层和教师思考的50个问题	9787515349176	29.00
如何定义、评估和改变学校文化	9787515340371	49.90
优秀校长一定要做的18件事（中国教育新闻网2009年度“影响教师的100本书”）	9787515342733	39.90
学科教学/教科研		
精读三国演义20讲：读写与思辨能力提升之道	9787515369785	59.90
中学古文观止50讲：文言文阅读能力提升之道	9787515366555	59.90
完美英语备课法：用更短时间和更少材料让学生高度参与的100个课堂游戏	9787515366524	49.00
人大附中整本书阅读取胜之道：让阅读与作文双赢	9787515364636	59.90
北京四中语文课：千古文章	9787515360973	59.00
北京四中语文课：亲近经典	9787515360980	59.00
从备课开始的56个英语创意教学：快速从小白老师到名师高手	9787515359878	49.90
美国学生写作技能训练	9787515355979	39.90
《道德经》妙解、导读与分享（诵读版）	9787515351407	49.00
京沪穗江浙名校名师联手教你：如何写好中考作文	9787515356570	49.90
京沪穗江浙名校名师联手授课：如何写好高考作文	9787515356686	49.80
★ 人大附中中考作文取胜之道	9787515345567	59.90
★ 人大附中高考作文取胜之道	9787515320694	49.90
★ 人大附中学生这样学语文：走近经典名著	9787515328959	49.90
四界语文（《中国教育报》2017年度“教师喜爱的100本书”）	9787515348483	49.00
让小学一年级孩子爱上阅读的40个方法	9787515307589	39.90
让学生爱上数学的48个游戏	9787515326207	26.00
轻松100 课教会孩子阅读英文	9787515338781	88.00
情商教育/心理咨询		
如何防止校园霸凌：帮助孩子自信、有韧性和坚强成长的实用工具	9787515370156	59.90
连接课：与中小学学科课程并重的一门课	9787515370613	49.90
给大人的关于儿童青少年情绪与行为问题的应对指南	9787515366418	89.90
教师焦点解决方案：运用焦点解决方案管理学生情绪与行为	9787515369471	49.90
9节课，教你读懂孩子：妙解亲子教育、青春期教育、隔代教育难题	9787515351056	39.80
★ 学生版盖洛普优势识别器（独一无二的优势测量工具）	9787515350387	169.00
与孩子好好说话（获“美国国家育儿出版物（NAPPA）金奖”）	9787515350370	39.80
中小学心理教师的10项修炼	9787515309347	36.00
★ 别和青春期的孩子较劲（增订版）（中国教育新闻网2009年度“影响教师的100本书”）	9787515343075	39.90
★ 100条让孩子胜出的社交规则	9787515327648	28.00
守护孩子安全一定要知道的17个方法	9787515326405	32.00
幼儿园/学前教育		
幼儿园室内区域活动书：107个有趣的学习游戏活动	9787515369778	59.90
幼儿园户外区域活动书：106个有趣的学习游戏活动	9787515369761	59.90
中挪学前教育合作式学习：经验·对话·反思	9787515364858	79.00
幼小衔接听读能力课	9787515364643	33.00
用蒙台梭利教育法开启0～6岁男孩潜能	9787515361222	45.00
德国幼儿的自我表达课：不是孩子爱闹情绪，是她/他想说却不会说！	9787515359458	59.00
德国幼儿教育成功的秘密：近距离体验德国学前教育理念与幼儿园日常活动安排	9787515359465	49.80
美国儿童自然拼读启蒙课：至关重要的早期阅读训练系统	9787515351933	49.80
幼儿园30个大主题活动精选：让工作更轻松的整合技巧	9787515339627	39.80
★ 美国幼儿教育活动大百科：儿童学习与发展指南用书 科学 / 艺术 / 健康与语言 / 社会	9787515324265等	600.00
蒙台梭利儿童教育手册：3~6岁儿童学习与发展指南（实践版）	9787515307664	33.00
★ 自由地学习：华德福的幼儿园教育	9787515328300	49.90
教育主张/教育视野		
学习的维度：马扎诺教育研究实验室教学模型	9787515375335	69.90
为问题提出而教：支持学生从问题走向问题解决的学习模型	9787515372716	59.90
重新定义教育：为核心素养而教，为生存能力而学（中国教育新闻网2023年度“影响教师的100本书”）	9787515369945	59.90
重新定义学习：如何设计未来学校与引领未来学习	9787515367484	49.90

书名	书号	定价
教育新思维：帮助孩子达成目标的实战教学法	9787515365848	49.00
用心学习：教育大师托尼·瓦格纳的学习之道（中国教育新闻网2023年度“影响教师的100本书”）	9787515366685	59.90
为什么学生不喜欢上学？：认知心理学家解开大脑学习的运作结构，如何更有效地学习与思考（中国教育新闻网2023年度“影响教师的100本书”）	9787515367088	59.90
★ 教学是如何发生的：关于教学与教师效能的开创性研究及其实践意义	9787515370323	59.90
★ 学习是如何发生的：教育心理学中的开创性研究及其实践意义	9787515366531	59.90
父母不应该错过的犹太人育儿法	9787515365688	59.00
如何在线教学：教师在智能教育新形态下的生存与发展	9787515365855	49.00
正向养育：黑幼龙的慢养哲学	9787515365671	39.90
颠覆教育的人：蒙台梭利传	9787515365572	59.90
如何科学地帮助孩子学习：每个父母都应知道的77项教育知识	9787515368092	59.00
学习的科学：每位教师都应知道的99项教育研究成果（升级版）	9787515368078	59.90
学习的科学：每位教师都应知道的77项教育研究成果	9787515364094	59.00
真实性学习：如何设计体验式、情境式、主动式的学习课堂	9787515363769	49.00
哈佛前1%的秘密（俞敏洪、成甲、姚梅林、张梅玲推荐）	9787515363349	59.90
基于七个习惯的自我领导力教育设计：让学校育人更有道，让学生自育更有根	9787515362809	69.00
终身学习：让学生在未来拥有不可替代的决胜力	9787515360560	49.90
颠覆性思维：为什么我们的阅读方式很重要	9787515360393	39.90
如何教学生阅读与思考：每位教师都需要的阅读训练手册	9787515359472	39.00
成长型教师：如何持续提升教师成长力、影响力与教育力	9787515368689	48.00
教出阅读力	9787515352800	39.90
为学生赋能：当学生自己掌控学习时，会发生什么	9787515352848	33.00
★ 如何用设计思维创意教学：风靡全球的创造力培养方法	9787515352367	39.80
如何发现孩子：实践蒙台梭利解放天性的趣味游戏	9787515325750	32.00
如何学习：用更短的时间达到更佳效果和更好成绩	9787515349084	49.00
教师和家长共同培养卓越学生的10个策略	9787515331355	27.00
★ 如何阅读：一个已被证实的低投入高回报的学习方法	9787515346847	39.00
★ 芬兰教育全球第一的秘密（钻石版）（《中国教育报》等主流媒体专题推荐）	9787515359922	59.00
培养终身学习能力和习惯的芬兰教育：成就每一个学生，拥有适应未来的核心素养和必备技能	9787515370415	59.00
★ 杰出青少年的7个习惯（精英版）	9787515342672	39.00
杰出青少年的7个习惯（成长版）	9787515335155	29.00
★ 杰出青少年的6个决定（领袖版）（全国优秀出版物奖）	9787515342658	49.90
★ 7个习惯教出优秀学生（第2版）（全球畅销书《高效能人士的七个习惯》教师版）	9787515342573	39.90
学习的科学：如何学习得更好更快（中国教育新闻网2016年度“影响教师的100本书”）	9787515341767	39.80
杰出青少年构建内心世界的5个坐标（中国青少年成长公开课）	9787515314952	59.00
★ 跳出教育的盒子（第2版）（美国中小学教学经典畅销书）	9787515344676	35.00
夏烈教授给高中生的19场讲座	9787515318813	29.90
★ 学习之道：美国公认经典学习书	9787515342641	39.00
★ 翻转学习：如何更好地实践翻转课堂与慕课教学（中国教育新闻网2015年度“影响教师的100本书”）	9787515334837	32.00
★ 翻转课堂与慕课教学：一场正在到来的教育变革	9787515328232	26.00
翻转课堂与混合式教学：互联网+时代，教育变革的最佳解决方案	9787515349022	29.80
翻转课堂与深度学习：人工智能时代，以学生为中心的智慧教学	9787515351582	29.80
★ 奇迹学校：震撼美国教育界的教学传奇（中国教育新闻网2015年度“影响教师的100本书”）	9787515327044	36.00
★ 学校是一段旅程：华德福教师1~8年级教学手记	9787515327945	49.00
★ 高效能人士的七个习惯（30周年纪念版）（全球畅销书）	9787515360430	79.00

您可以通过如下途径购买：

1. 书　　店：各地新华书店、教育书店。
2. 网上书店：当当网（www.dangdang.com）、天猫（zqwts.tmall.com）、京东网（www.jd.com）。
3. 团　　购：各地教育部门、学校、教师培训机构、图书馆团购，可享受特别优惠。

购书热线：010-65511272 / 65516873